30秒で体力がつく

スゴイもも上げ

整形外科専門医・フィットネストレーナー
吉原 潔

アスコム

はじめに

昔は登山が趣味だったのに、今では駅の階段を上《のぼ》るのもきつい。
エスカレーターと階段があるなら、迷わずエスカレーターを使う。
横断歩道で車が待ってくれるのはありがたいけど、
サッと渡れないいから焦ってしまう。
ウォーキングをしていたら、後ろから来た若者に追い越された。
電車に乗れば、まず空《あ》いている席を探す。
ショッピングモールに行くと、買い物より先に、ついイスを探してしまう。
家の前までお迎えの車が来て、目的地の前で下ろしてくれるなら旅行したい。
歩いて行っていた場所に、車で行くようになったのは、いつからだったか。

家の掃除をして、ひと休みのつもりで横になれば、夕方まで起き上がれない。
風呂に入ろうにも、湯船をまたぐのがおっくう。

最近、こんなことはありませんか?
そして、そんなとき、あなたは言うはずです。

「ああ、体力がなくなったなぁ……」

これまでは難なくできていたことが、
体力がなくなると、とても大変なことに感じられます。

ところで体力って、いったい、なんですか？

体力の正体を解き明かしてくれるのは、左のグラフです。
これは、ヒトの下肢の筋肉量の推移を表すもので、
年をとるごとに、どんどん減少しているのがわかります。
察しのよい方は、もうお気づきですね。

体力がなくなったと感じるのは、気のせいではなく、
年齢とともに筋肉量が減るからです。

体力の低下は、筋力の低下にほかなりません。

年はとるのだから、
あとはどんどん筋肉が減っていくだけじゃないか……
と、さみしい気持ちになるかもしれません。
でも、ご安心ください。

筋肉は、何歳になっても増やせます。

下肢の筋肉量の推移

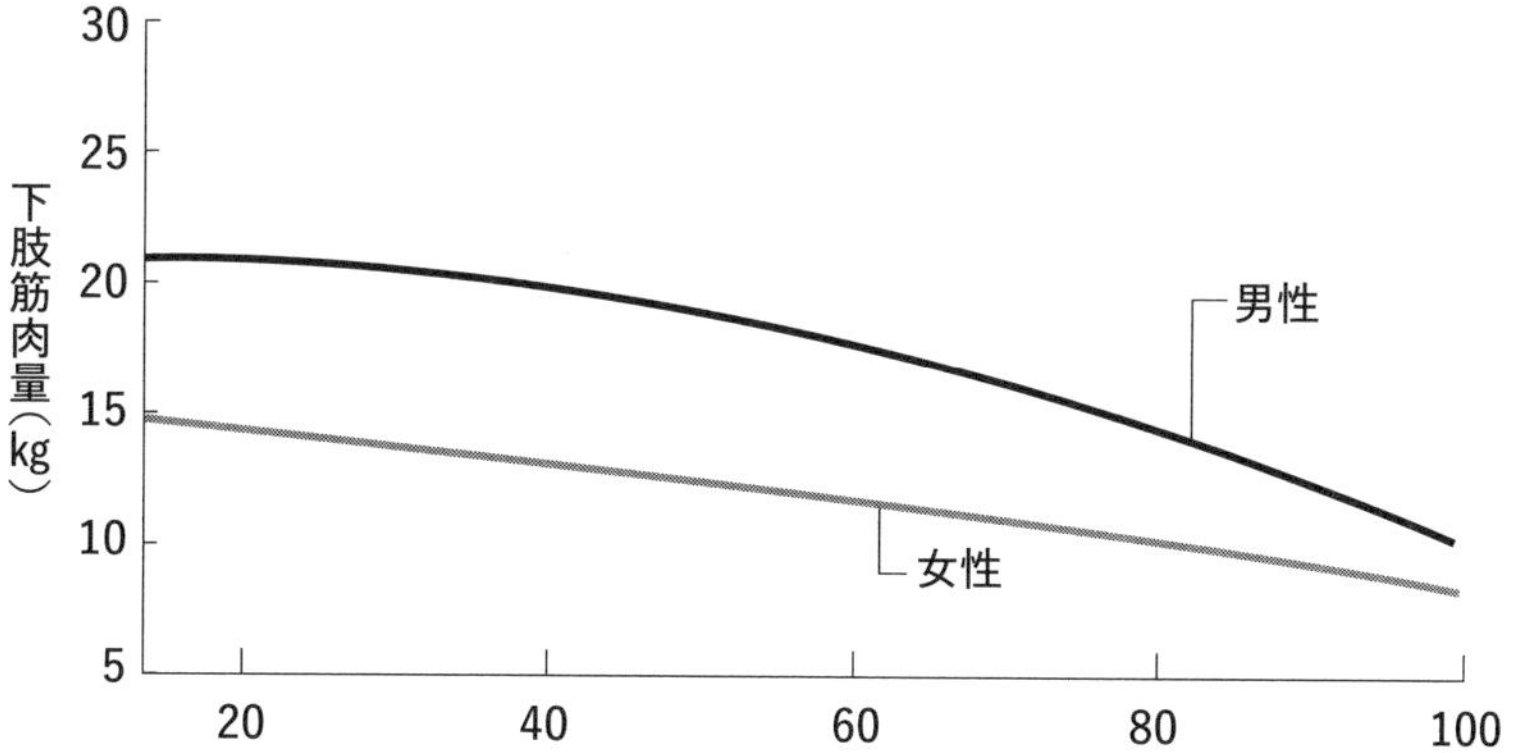

「日本人筋肉量の加齢による特徴」日本老年医学会雑誌 47巻1号（2010：1）を改変

男性：下肢筋肉量＝ 0.025（年齢）－ 0.0013（年齢^2）＋ 20.79 R2＝ 0.491（$p < 0.001$）
女性：下肢筋肉量＝－ 0.027（年齢）－ 0.0004（年齢^2）＋ 15.08 R2＝ 0.553（$p < 0.001$）

そして、筋肉を増やすには、なんと言っても、

筋トレが一番です。

とは言っても、体力が落ちているときに、いきなり筋トレを始められるでしょうか?

そこで2023年8月、誰でも気軽にできて、十分に効果が出るように、医学と筋トレの知見を総動員して編み出したのが**「ドクターズスクワット」**。

しゃがんだ状態から立ち上がるというこの筋トレ法は、従来のスクワットのきつさを抑えながらも、全身を大きく動かすことにより、筋肉を効率よく鍛えることができます。

書籍の中で発表して1年。数万人が実践し、その効果を実感しています。

そんななかで聞こえてきたのが、

「もっと楽に、でもちゃんと効果が出る筋トレがあったらいいのに」

という、「もっと楽なのがいい」というお声と、

「もっと鍛えたいときの、おすすめの筋トレがあったらいいのに」

という、「もっとやりたい」というお声でした。

そんな2つの相反する「あったらいいのに」にお応えして、
今回考案したのが、

「スゴイもも上げ」です。

気合いゼロでもできます

動かすのは両足だけ。しかも、壁に寄りかかってOKです。

やり方が超明快

「ももを、できるだけ高く上げる」。ただこれだけです。

体力＝筋力がしっかりつきます

体力の要なのに、
普段の生活では鍛えにくい「大腰筋《だいようきん》」が鍛えられます。
ももを上げたときに、1秒だけ止めます。
この「止め」が入ることで、大腰筋をしっかり刺激できます。

やる時間も短い。1日30秒です

30秒間で「ももを上げる」「下げる」をくり返します。

これが「スゴイもも上げ」！

ももを上げる　　立つ

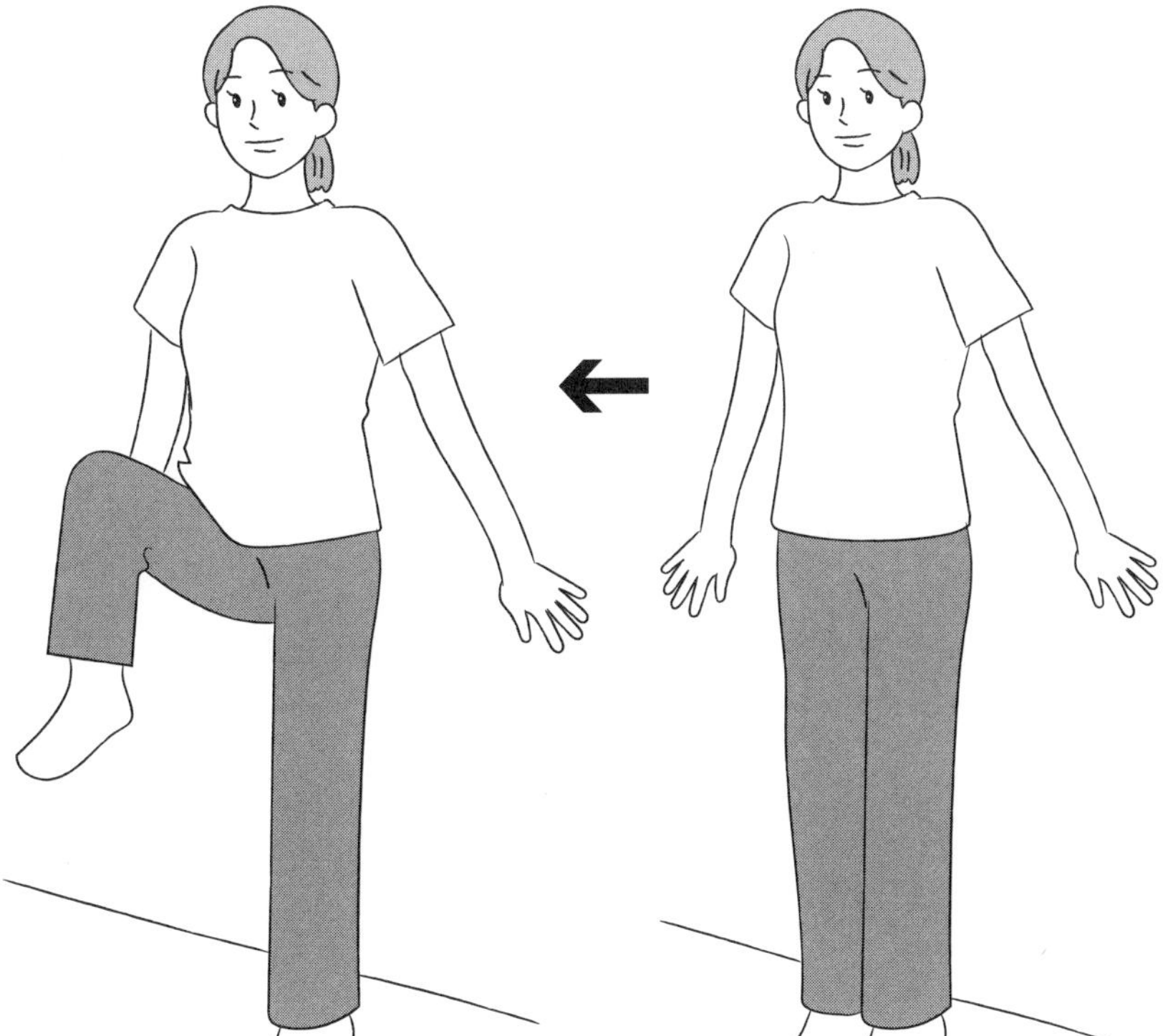

体力に自信がなくても、ケガをしにくいです

壁に寄りかかって行うので、体が楽です。足元がふらつかず、転びにくいです。

「もっと鍛えたい」ときのやり方もあります

ももを上げた後、「もっと高く上げる」、あるいは「キックをする」ことで効果が倍増します。

筋トレのよさと、ウォーキングのよさ、両方があります

健康のためにウォーキングをしている方も多いと思いますが、ウォーキングで筋肉はほとんどつきません。
でも、スゴイもも上げは、筋肉をつけて、ウォーキングのような「有酸素運動」の効果も見込めるのです。

しかも、国が定める「体力を計測する5項目」（心肺機能、筋力、バランス能力、柔軟性、敏しょう性）も、すべて満たしています。

こんな、スゴイもも上げなんです。

毎日30秒でいいのです。実際にやってもらった方からは、
「この頃、途中で休まなくても階段を上れる」とか、
「そういえば、買い物中に、一度もイスに座らなかった」とか、
体力がついたという声が寄せられています。

体力がつくと、自信もつきます。

「久しぶりに、山登りに行ってみようかな」とか、
「車を使わず、歩いて買い物に行こうかな」とか、
「おしゃれをして出かけようかな」とか、
こんな気持ちになる方も多いはず。

「年相応に体力のない人」から、

- **70歳でも、海外旅行に行って史跡めぐりができる**
- **80歳でも、自転車に乗って習い事に行ける**
- **90歳でも、歩いてレストランに行って食事ができる**
- **100歳でも、杖を使わず散歩ができる**

こんな人になれるはずです。

そのために、スゴイもも上げが役に立ちます。

この本の読み方

なぜ、スゴイもも上げで体力がつくのか、
納得して実践したい方

→ この本の、最初から最後まで読むことをおすすめします。

どんなスゴイもも上げか、まずは試してみたい方

→ 70ページからのやり方をご覧ください。

スゴイもも上げは体のどんな部分に作用して、
どんな健康効果が期待できるのか知りたい方

→ 120ページから、医学的な観点を基に解説しています。

続けられるか不安な方

150ページから、楽しく続けるためのヒントをまとめました。

体力がつく食事に興味がある方

→ 190ページから、もも上げの効果を高める食事法をご紹介しています。

2週間で効果があった！「モニター報告」

体力の向上に役立つ「スゴイもも上げ」を、70〜80代の女性3人にやってもらいました。もも上げの詳しいやり方は、70ページからありますが、左右交互に、ももをなるべく高く上げる、これだけです。

1日少なくとも1回（つまり30秒です）、1か月間続けてもらいました。すると、途中経過の2週間で早くも、

「全員のももが高く上がるようになった」のです！

ももが高く上がるようになると、例えばこんなよいことがあります。

- **階段を上りやすくなる**
- **何もないところでつまずいたり、転んだりしなくなる**

・すり足、のろのろ歩きをしなくなる（若々しく見えます！）

ももがどれだけ高く上がったかというのは、このようにして測ります。

・壁に頭と背中をつけて立ち、片方のももを上げます

・手のひらをかかとのあたりに当て、指先が足裏から何㎝はみ出ているか（または、届いていないか）測ります

ももの上がり具合の測り方

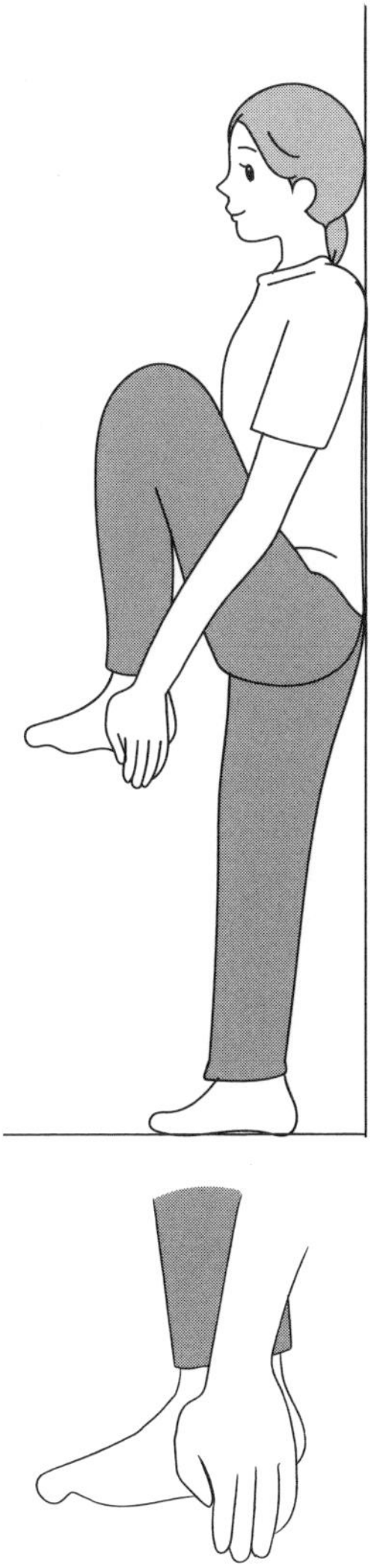

指先がはみ出ればはみ出るほど、
ももが高く上がっているということ

また、体力を測るためによく使われる

「片足立ち」…片足立ちで何秒間立っていられるか（長いほどよい）

「イス立ち上がり」…10回やるのに何秒かかるか（短いほどよい）

（※62ページから詳しいやり方がありますので、挑戦してみてください）

という2種類のテストでも、よい結果が得られました。

モニター3名の1か月の変化を、ご覧ください。

経過はそれぞれ、開始時→2週間後→1か月後です。

福田さん　75歳・女性

- **ももの高さ　±0㎝→5㎝→7㎝**
- **片足立ち　42秒→41秒→53秒**
- **イス立ち上がり　14秒→10秒→8秒**

ももが7㎝高く上がり、11秒長く片足で立てて、イスから立ち上がるスピードも6秒早くなりました。

「朝起きたときに、ひざのこわばりがなくなって、楽になった」とも話されていました。

黒澤さん　81歳・女性

・ももの高さ　-3㎝→6㎝→9・5㎝
・片足立ち　48秒→46秒→40秒
・イス立ち上がり　17秒→15秒→10秒

なんと、ももが12・5㎝も高く上がるようになりました！

この方は、体脂肪率も測れる体重計を使っていたのですが、開始前が33％だったのが1か月後には32・3％に。少しの差ですが、**体脂肪率が落ちたのは、ももをしっかり上げて筋肉を使えるようになったからだと考えられます。**

森岡さん　70歳・女性

・ももの高さ　5㎝→6㎝→6㎝
・片足立ち　6秒→7秒→8秒
・イス立ち上がり　15秒→14秒→15秒

変化が少しずつ出ています。実は、この方は**血圧にうれしい変化がありました。**

もも上げを始めたとき、2週間後、1か月後の血圧も教えてもらったところ、

血圧が144㎜Hg→136㎜Hg→113㎜Hgに！

基準値（140㎜Hg以下）に下がったそうです。

そのほかにも、

- **イスに腰かけていても、スッと立ち上がれる**
- **腰回りが締まってきた**
- **あまりにも簡単でびっくりした**

といったご意見をいただきました。

ももを上げる、という動作は普段の生活であまりしない分、動かせばそれだけ体がちゃんと反応してくれます。

さて、あなたには、どんなうれしい変化が待っているでしょうか。

1章

70歳でも体力がある人

2章

体力がみるみるアップする！「スゴイもも上げ」

3章
スゴイもも上げを続けたくなるこれだけの理由

4章

「段差がないところでつまずく…」こんなときのドクターズ筋トレ

5章 もも上げ効果が倍増！ドクターズレシピ

1章

70歳でも体力がある人

赤信号に変わるのが早すぎる？

「先生、この頃私ね、青信号で横断歩道が渡りきれなくて。ハラハラすることがあるんですよ」

先日、診察時に70代の常連の患者さんからこんなことを言われました。

「いつ頃からそう感じるようになりましたか？　あなたは骨粗しょう症だけで、歩行を妨げるような病気はないですけどね」

こう私が言うと、

「急に、というより、最近そういうことが多いんです。前は余裕で渡れていたんですから、やっぱり年のせいでしょうか」

質問です。

この患者さんが、赤信号に変わる前に横断歩道が渡りきれないのは、なぜだと思いますか？

A　青信号から赤信号に変わるのが早すぎる

B　患者さんの歩くスピードが、以前より遅い

答えは、「B　患者さんの歩くスピードが、以前より遅い」です。

でも、**「この横断歩道、すぐ赤に変わっちゃうんだから！」と、あなたも感じたことはありませんか？　もし、そういう感覚があるなら、ちょっと注意です。**

実は、青信号の時間は、原則として**「あるルール」**によって決められています（例外の場所もあります）。

それは**「1mにつき1秒」という歩行速度に合わせて設定されているということ。**

1mにつき1秒歩く、と想定して設定されているので、**横断歩道の長さ（m）×1秒＝青信号の長さ**です。10mの横断歩道であれば、10m×1秒なので、青信号が点灯するのは10秒間です（そのあと、点滅信号になるのは4〜10秒です）。

つまり、青になってすぐ渡り始めたのに、「信号がすぐ変わっちゃう！」と感じるのは、**想定されている歩行スピードより、あなたの歩行スピードが遅い、**ということになります。

そう考えると、横断歩道は、今のあなたの体力を推し量れる最高のバロメーターです。国は自立した生活を送るためには、**1mにつき1秒の速度で歩ける体力が最低限必要**と考えているということです（高齢者や、子どもが多く利用する場所については、多少の猶予時間が設けられています）。

横断歩道を青信号のうちに渡りきれなくなったら、「体力に赤信号が灯っている」と考えたほうがよさそうです。

実は、**「歩行速度と体力は比例する」という研究報告がたくさんあります。**

例えば、米国ピッツバーグ大学が、高齢者約3万5000人を対象にして行った「歩行速度と生存率に関する追跡調査」では、**1秒あたりの歩行速度が0・1秒増加する（歩くのが早くなる）ごとに生存率が上がる**ことがあきらかになっています。

逆に言うと、「生きるための体力」は、歩く速度が遅くなるにつれて衰えていくということ。理由は簡単です。「歩けなくなるから体力が落ちる→体力が落ちるからさらに歩けなくなる」という負の連鎖が止まらなくなってしまうからです。

横断歩道での歩行速度を体力の衰えの指針にしながら、

・足がもつれるようなことはなかったか
・息切れはしなかったか

など、体の状態をチェックしながら歩いてみるのもおすすめです。

「体力」の2つの意味

私のクリニックでは、リハビリに力を入れています。筋トレやストレッチなどの運動をしてもらい、痛みが出ないような体の使い方を覚えてもらうのです。でも、痛みが引くと、ぱったり来なくなる患者さんがたまにいます。

「痛みがなくなったから、もう治った」と思うのでしょう。

でも、こういう方は、しばらくすると「痛みが再発して……」と受診しリハビリを再開、痛みがなくなるとまた来院しなくなる。また、しばらくして痛みが再発して受診する、ということをくり返します。

私が、痛みがなくなっても自宅での運動を続けてほしいと考える理由は、**体力不足が痛みを引き起こしているケースがある**からです。それは、どういうことでしょうか。もう少し細かく説明しましょう。

リハビリをすると、まず姿勢がよくなります。そして、体力もつきます。

でも、通院を止《や》めると、家で何も運動をしなくなり、せっかくよくなった姿勢が徐々に悪くなっていきます。すると、体のバランスがくずれ、痛みがまた出てきてしまうのです。

運動をしないと体力も落ちてきて、痛みが再発する確率が上がる……いいことは何ひとつありません。

ですので、患者さんには**「痛みがなくなっても体力を維持するために、家でも運動を続けてくださいね」**と提案をするのですが、なかなか難しいようです。

やり方を忘れた、ついやるのを忘れてしまう、めんどうくさい、暑すぎる、寒すぎる、など理由はさまざまだと思いますが、つまりは**「やる気になれない」**ということでしょう。「体力が落ちたとは思うけど、でもまだ大丈夫」と、言い聞かせている方が多いように感じます。

実際、高齢の患者さんでも、体力には自信がある、とまではいかなくても、「自分は、まだ大丈夫」と思っている方は割といらっしゃいます。

自信の根拠はいろいろで、ある方は「若い頃に運動をしていたから」で、またある方は、「めったに風邪を引かないから」だそうです。

実は、「体力」には文部科学省による定義があります。

- **運動をするための体力**
- **健康に生活するための体力**

の2つです。

運動をするための体力

体を動かすために必要な、基本的な身体能力

具体的には、心肺機能、筋力、バランス能力、柔軟性、敏しょう性が重要な要素とされています。

ちょっと難しく感じるかもしれませんね。もう少し説明しましょう。

- **心肺機能**＝階段を上ったり、速く歩いたりしてもハアハアと息切れしない能力
- **筋力**＝体を支えたり動作を行ったりする能力
- **バランス能力**＝転ばないように体のバランスを保つ能力
- **柔軟性**＝しなやかに体を動かす能力
- **敏しょう性**＝体をすばやく動かす能力

健康に生活するための体力

生活習慣病や感染症などにかからない体力

精神的ストレスへの抵抗力なども含まれます。

「めったに風邪を引かない」とおっしゃった患者さんは、おそらく体力というと、こちらの体力をイメージするのでしょう。

私が患者さんに2つの体力の説明をすると、高齢の方の多くは、

「私はもう年だし、運動選手のような体力はいらない。健康に生活するための体力がつけば十分です」と

おっしゃいます。

しかし、
これは大きな勘違いです。

2つの体力は、自転車の両輪のようなも

「運動をするための体力」と「健康に生活するための体力」は、
いわば自転車の両輪

のだと思ってください。どちらか一方でも欠けると、うまく動かないのです。

運動をするための体力が失われてくると、体を動かす機会がどんどん減ります。すると、健康に生活するための体力を支える、内臓機能にも異常をきたすことがあります。

くわえて、運動をするための体力が低下すると、心にも問題が生じてきます。体が言うことをきかなくなると家にひきこもりがちになり、孤独感がつのり、気持ちも沈みます。

高齢者の認知症は、運動をするための体力の低下が大きな要因とされています。

どちらか一方の体力だけを高めるなんてことは、できません。2つそろわなければ意味がないのです。

その2つの体力向上を実現するのが、「スゴイもも上げ」です。

「スゴイもも上げ」を続けると、まずは「運動をするための体力」がついてきます。

そして、体を動かすことが楽に感じられるようになって自然と体を動かす機会が増えて、「健康に生活するための体力」もついてきます。

それがスゴイもも上げです。

スゴイもも上げは
体力が落ちていても楽に始められる

現実として、年をとったら体力が落ちるのは当然だし、ある程度は仕方がないと思います。しかし、ご自身で「体力が落ちた」と感じるのであれば、年のせいだけにしないで、なんらかの対策を打ちましょう。

「体力が落ちたなぁ」という、その感覚を無視しないでください。

それは、体が未病のサイン、つまりＳＯＳを出している可能性があるからです。体力が落ちたと感じる場合には、加齢以外に何かしらの問題が隠れていることだって考えられるのです。

未病とは、「発病には至らないものの、健康な状態から離れつつある状態」のこと。未病の段階で手を打てば、大病に至らずに済むこともあります。

「体力が落ちたなぁ」という感覚を放置してはいけません。

体力の根幹は○○しかない

質問です。29ページで、歩く速さが体力と比例するという話をしましたが、速く歩くために必要なものはなんだと思いますか?

答えは「筋肉」。

筋肉、特にお尻や足の筋肉は、地面を力強く蹴って、前にぐいぐい進んでいくためには必須です。さらに、つまずいたときにふんばったり、転ばないようにバランスをとったりするときにも、筋肉をフル稼働させなくてはいけません。

すなわち、十分な筋肉がないと、速く、安全に歩くことはできないということです。しかも、**速く歩けなくなってくると、筋肉への刺激が減ります。すると、筋肉が落ちていき、歩行速度はますます低下する――**

この時点でなんらかの手を打たないと、最悪の場合はいずれ自力で歩けなくなってしまいます。**「運動をするための体力」が落ちる→「健康に生活するための体力」が落ちる→病気に抗《あらが》う力も衰えていく……**こんな深刻なドミノ倒しになりかねません。つまり、

体力の根幹となるのは「筋肉」しかないのです。

生涯泳ぎ続けるマグロの体はとても筋肉質

これは人間に限ったことではありません。マグロやカツオのように、一生、止まることなく泳ぎ続ける回遊魚は、しっかりとした筋肉を持っています。そのおかげでスタミナ満点、過酷な環境下でもたくましく生き続けられるのです。

いっぽう、檻の中で飼育されている家畜は筋肉が少なくて病気になりやすいと言われています。そのため、丈夫な家畜を飼育するために、適度な運動をさせて筋肉量を増やす飼育法をとる畜産農家も増えているようです。

生活習慣病と筋肉の密な関係

ここで、筋肉が生きる上でいかに大切か、少しだけお話しさせてください。

筋肉というと、体を支えるだけの器官と思われるかもしれませんが、実はいろいろな働きがあります。

なかでも重要なのは、この2つです。

①糖や水の貯蔵庫としての働き
②血液を心臓のほうへ送り出すポンプの働き

体を動かすときや、疲労を回復するとき、燃料となるのは「糖」です。食べ物からとった糖は、血液に溶け込みます。その後、筋肉にためられて必要に応じて取り出して使われます。筋肉は、「糖の貯蔵庫」なのです。

筋肉が多ければそれだけ貯蔵庫も大きく、小さければ貯蔵庫も小さいということです。でも、貯蔵庫が小さいと、ちょっと困ったことが起こります。

下の図をご覧ください。6つの物を保管しなければならないとき、9つ保管できる貯蔵庫Aには、まだ3つぶんの余裕があります。でも、4つしか保管できない貯蔵庫Bは、入りきらなかった2つぶんが余剰在庫となり、外にあふれています。

糖でもこれと同じことが起こります。

貯蔵庫である筋肉が少ないと、糖が血液中で余剰在庫となり、生活習慣病の元凶となる中性脂肪に変換されます。すると今度

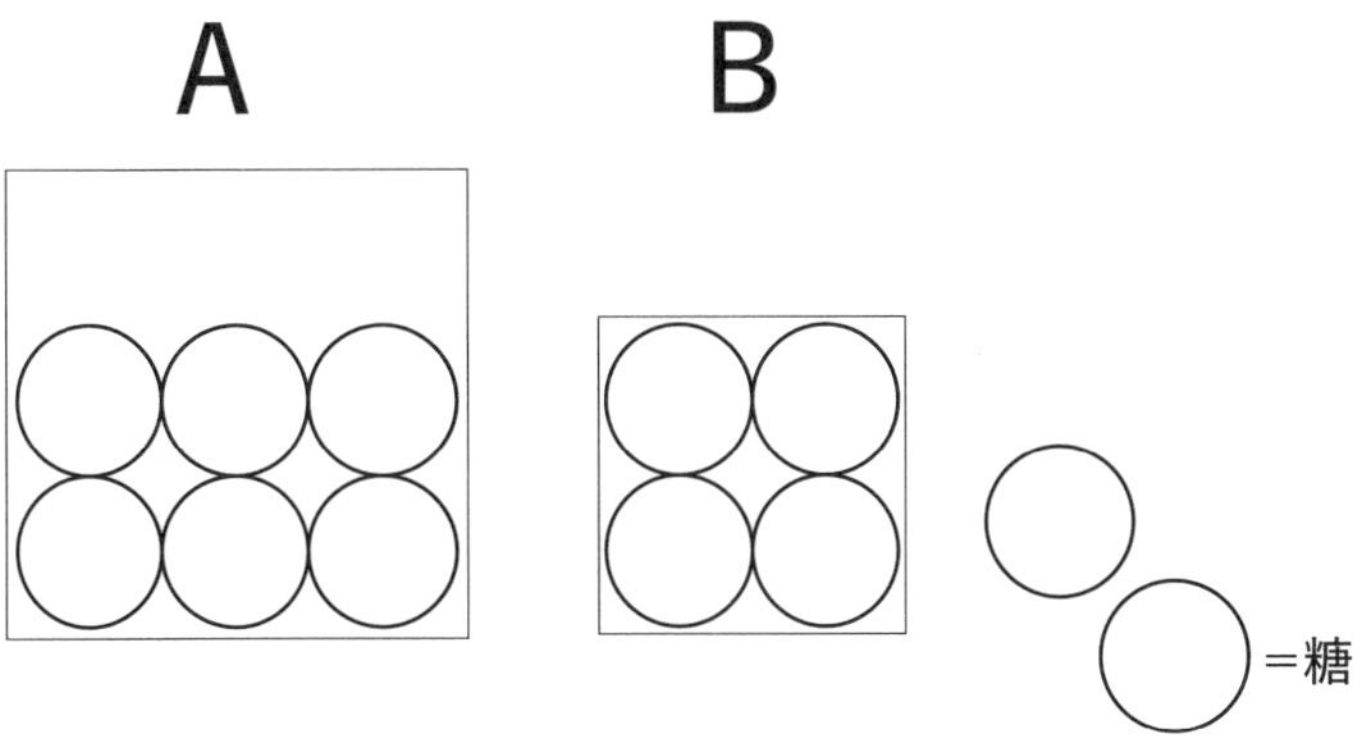

貯蔵庫である筋肉が少ないと、糖が外にあふれてしまう

は、それが脂肪として内臓や皮膚の下にたまってしまうのです。

また、**筋肉は伸び縮みすることで、筋肉と筋肉の間にある血管を収縮させて血液を心臓のほうへ送り出すポンプのような働きをします。**

この作用によって、心臓への負担を減らすことができます。この筋肉のポンプ作用に関しては、ふくらはぎの筋肉が有名です。

ちなみに、少し前までは、心臓を患ったら安静にと言われていました。でも近年では、その人の体力に応じた運動強度を見つけていく運動療法が推奨されています。

運動療法には、四肢（手足）の筋肉をつけて、ポンプ作用で心臓の負担を減らす役割のほか、心臓自体の筋肉を鍛える役割があります。心臓の筋力が低下していると、酸素が含まれた血液を体全体に循環させることができなくなります。すると、足りない酸素を補おうとして、呼吸の回数が増えてしまう＝息切れするのです。

体力をつけるなら「筋トレ」が最も近道

「体力をつけるために、ウォーキングをやっている」そんな方は多いでしょう。

たしかに、歩くことが体力づくりに効果的であることに間違いありません。

厚生労働省の「健康づくりのための身体活動・運動ガイド２０２３　高齢者版」には、このようなことが書いてあります。

「健康を保つために必要な身体活動の目安は、１日約６０００歩以上」

家事などの生活活動は、約２０００歩に相当します。残りの約４０００歩は、どうするか。

「毎日40分以上の歩行（約４０００歩に相当）を行うことを推奨」だそうです。

さらっと、読んでしまった方のために、もう一度くり返しますね。

「毎日40分以上の歩行を推奨」です。どうですか？　すでにウォーキングをやっている方は、毎日40分以上歩いていますか？　まだやっていない方は、これから毎日40分以上歩けそうでしょうか？

これはちょっと、**気合いと努力が必要そう**です。

体力の根幹は筋肉だとお話ししました。筋肉が足りないと、つまずいたり、転倒したりして、ケガの危険が高まります。

特に、お尻や足の筋肉が少ない方は、段差などでつまずいたときに、ふんばりがきかずに転倒しやすいので注意が必要です。

息切れもしやすいので、ひどいときは体が酸素不足になってふらつき、それも転倒につながる恐れがあります。

それに、残念ながら、**ウォーキングには筋肉を強化する効果が少ない**のです。

ほかにも、屋外を**長時間にわたって歩くことには熱中症の危険**が伴います。真夏だけの話ではありません。

特に、筋肉量が不足している人ほど、熱中症に注意しなければなりません。

筋肉が糖の貯蔵庫であることは40ページで解説しましたが、実は、**筋肉は水の貯蔵庫でもある**のです。

筋肉が多い人　**体の中に容量の大きな水筒を持っている**

筋肉が少ない人　**体の中に容量の小さな水筒しか持っていない**

こう思ってください。**筋肉量の少ない人は体内に水分をためておくことができないため、熱中症になりやすいのです。**

くり返しますが、健康づくりのために歩くことを否定はしません。でも知っておいてほしいのは、**「安全に歩く」のは想像以上に体力がいる**ということ。

体力に自信がない、日頃からつまずく、という方は、まずは筋肉づくりからスタートして「運動をするための体力」をつけることが先決。

体力づくりの近道は、結局のところ筋肉を増やすことしかないのです。

そのために、**室内でいつでもできて、もちろん40分もかからない「スゴイもも上げ」が役に立ちますよ。**

寝たきりになると1週間で15%の筋肉が減る

「若い頃に1か月間入院したんですけど、退院してズボンをはいたらブカブカでした。寝ているだけで、やせるのですね」

そう言うのは、今は40代後半の女性。残念ながら……寝ているだけでやせたには違いありませんが、筋肉も減ってしまい、やせ衰えてしまったのです。

× 寝ているだけで、きれいにやせた

○ 寝ているだけだから、筋肉が短期間で一気に減り、やせ衰えた

実際は、こういうことです。

寝たきりになると、真っ先に減るのは、手足の筋肉（脂肪も減ります）。

絶対安静（寝たきり）の状態になると、**1週間で10～15%、3～5週間でなんと**

50％もの筋肉が失われてしまうのです。

例えば、10kgの荷物を軽々と持ち上げることができる筋力を持っていた人が病気になって3週間程度、ほぼベッドの上で生活したとします。すると、回復後には5kgの荷物を持ち上げるのがやっと、という状態になってしまうということです。

なぜ、こんなに急速に筋肉が落ちてしまうと思いますか？

犯人は「脳」です。**脳はとても出来のいい臓器で、それぞれの臓器に優先順位をつけ、生きるために絶対に必要な臓器はなんとしてでも守ろうとします。**

実は、筋肉は優先順位が低いのです。筋肉は人体で最大の熱産生臓器で、筋肉を維持するには、常にエネルギーを必要とします（医学的には、筋肉は臓器として位置づけられています）。

病気などで、栄養からエネルギーがとれないときは、まず脂肪がエネルギーとして使われます。それと同時に、体のエネルギー消費は「省エネモード」に切り替えられます。
筋肉は、たくさんのエネルギーが必要な〝燃費の悪い〟臓器ですから、筋肉もエネルギー源として使ってしまい、脳がわざと筋肉量を減らすのです。

では、寝たきりでなければ筋肉量が維持できるのか？　というとそれは〝NO《ノー》〟です。悲しいことに、**筋肉は1つ年をとるごとに、1%ずつ減っていく**といわれています。

下肢の筋肉は特に減りやすく、筋肉量のピークは20歳頃で、そこから1年に1%ずつ筋肉が減っていく計算です。すると、50歳には30%減り、70歳では半分になってしまうことになります。

筋肉量が体力と比例するという考え方をベースにすると、**70歳の人の体力は20歳の人の半分しかない**ということになります。

ここまで残念な話しかしてきませんでしたが、絶望する必要はありません。筋肉は何歳であっても、鍛えて復活させられるという側面があるからです。

特に骨格筋は、年齢にかかわらず、筋トレで刺激を与えると、やがて筋肉量が増え始め、筋力も高まっていきます。これは朗報ですね。

体力を線香にたとえると、努力しだいでは、燃え尽きそうな線香でも、長さを継ぎ足せるということです。

70歳でも体力がある人と、ない人の決定的な違い

70歳の体力は、20歳の人の半分、という話をしましたが、70歳でも若い人と遜色がないほどの体力がある人もたくさんいます。そういう人は、アクティブに生活をしているだけではなく、**ケガや病気になりにくいし、仮になってしまったときでも回復が早いという特徴があります。**

70歳でも体力がある人と、ない人の決定的な違いはどこにあるのか、それは再三お伝えしていますが、**「筋肉量の違い」**しかありません。

ですから、早期回復、再発の防止のために私のクリニックで行っているリハビリでは、筋肉をつけてもらうことを主目的とした運動療法に重きを置いています。

しかし、ご高齢の患者さんのなかには自分で運動するのはおっくうで、マッサージなどの心地のよい施術のみを受けたがる方がいます。

マッサージは血行をよくしたり、筋肉の緊張をゆるめたりするので、一時的には症状が楽になることも多いです。しかし、**マッサージで筋肉が増えることも、筋力がつくこともありません。**心地のよい施術だけでは体力をつけることはできないことを心にとめておいてください。

筋肉はほかの臓器とは異なり、筋トレなどの運動をすれば、いくつになっても成長するという特性があります。

つまり、あなたの意思で、老化に抗うことができるのです。

気合いゼロでもできる「スゴイもも上げ」

・何もしなければ70歳の体力は20歳の半分になってしまう
・筋トレで筋肉を増やせば体力もついてくる
・筋肉は何歳からでも増やすことができるので、あきらめてはいけない

ここまでの話をまとめてみました。

「よし！　さっそく筋トレを始めよう！」

そう思えましたか？　心は動いたけど、「うーん……」と、本を眺めながらモヤモヤしていませんか？

そんな方は「筋トレ」という言葉に、マイナスのイメージがあるのでしょう。

最近ではスポーツクラブのＣＭなども増え、市民権を得た印象のある筋トレですが、日々患者さんと接していると、筋トレに対して、まだ「こんなイメージ」を持っている方が多いことに気づきます。

筋トレ＝きつい、つらい

こんな連想をするようです。

筋トレという言葉だけで、尻込みしてしまう方が多いのです。自分でやるのは嫌だな……誰かがやってくれるのならいいけど、と思うかもしれませんが、筋トレは自分でやるしかありません。

「アリとキリギリス」の童話はご存じでしょ

う。アリは、冬に備えて食べ物をコツコツと集めていたので、厳しい冬を生き延びることができます。一方、働かず趣味のバイオリンに興じていたキリギリスは――

止められない加齢に備えて、コツコツと筋肉を蓄えなければいけない。もちろん、頭ではわかっているはずです。でもやはり、「筋トレ＝きつい、つらい」というイメージがありすぎて、やる意欲がわかない。

そこで、**私が目指したのは、とにかく「きつい、つらい」というイメージを覆すこと。そして、確実な効果を感じられる方法であること。**

そしてたどり着いたのが、**「もも上げ」**です。

「もも上げ」と言っているので、手じゃなくて、ももを上げるんだろうな、ということは想像できるでしょう。イメージは、その場で足踏みをすることに近いかもしれません。

足踏みなら、きつい感じはしませんよね？

そして、その筋トレの効果はどうか。これも、問題なし。問題がないどころか、非常にすぐれた体力アップ効果が期待できます。

もも上げは、「運動をするための体力」を満たす条件である、心肺機能、筋力、バランス能力、柔軟性、敏しょう性のすべてを鍛えられる運動です。

なかでも、**通常の筋トレでは難しい、心肺機能を高める効果も期待できる**ところが大きなメリットといえます。

これだけでも十分ですが、さらに楽に、さらに安全に、さらに効果を出せるように編み出したのが、**「スゴイもも上げ」**です。

詳しいやり方は、70ページからご紹介しますが、「1回につき30秒しかやらない」「壁に寄りかかってやる」「ももを上げたところで1秒止める」こんな方法です。

「筋トレ=きつい」イメージを覆すスゴイもも上げ

まずは、足腰が弱っている患者さんの何人かに試してもらいました。最初、ももを上げるのに苦労される方もいましたが、やり方で迷う方は誰もいませんでした。

そして、終わった後、

「こんな簡単なことでいいんですね。でも、しっかりやると、ちょっと疲れますね。これからも、がんばってみます」

と、おっしゃっていました。

これからも続けられると思えるほど簡単、でも、ちょっと疲れるということは弱っている筋肉をしっかり使えているという証拠。

「このもも上げは、イケる――」。そう確信した瞬間でした。

スゴイもも上げは「30秒」だけやります

スゴイもも上げは、「1日1回30秒」行います。

30秒の間に、左右のももの上げ下げをします。

30秒の間に、何回やればいい、という決まりはなく、ご自分のペースで、なるべく高くももを上げることをくり返します。


30秒しかやらないなんて……。あまりに短い時間なのでその効果を疑っている方も多いかもしれません。

でも、体力をつけるには、**きつい運動を長い時間やらなくては効果がないという考え方は間違いです。**


根性論は必要なく、**継続して行うこと、つまり習慣にすることがもっとも大切**だからです。

そのためにも、ハードルは低いほうがよいのです。もし、楽々とできるようになったら、「1回30秒」を何回かやることをおすすめします。

どうしても、すぐにやせなければならない切羽詰まった理由がある！　そんなときは、根性できつい運動に取り組めるかもしれません。成果は、体重計や洋服のサイズなどで客観的に確認できます。

いっぽう、体力は器械などで測ることはできません。

いくらきつい運動をしたとしても、体力がついたのかどうか客観的に確認することは困難ですし、なによりも、きつすぎると続きません。そのため根性論を持ち出しても意味がないと思っています。

つまり、**きつすぎて挫折してしまうくらいなら、短時間で適度な効果が得られる運動を、長く続けたほうが体力づくりにはずっと効果的**というわけです。

これは医師として、またトレーナーとしての私の経験値によるものですが、30秒を超えると、どんな運動でも「長い、きつい」と感じる方が多いようです。

「1回30秒」というのが根性論にならないギリギリのラインなのです。

年相応？ それとも？「体力チェック」

今のあなたの体力は、同じ年代の人に比べてどうなのか、気になりませんか？

次のページに「片足立ち」と「イス立ち上がり」という手軽にできる方法が2つあるので、一緒にやってみましょう。

体力チェック1 「片足立ち」

左のイラストのように、片足だけで立って、バランスをくずさずに何秒立っていられるか測ります。

・靴下は脱いで、足は、床から5センチくらい上げます。目は開けたまま、手は自然に下ろします。

・そのまま、何秒立っていられるか測ります。バランスをくずしたところで終了です。

・2回やって、よいほうの記録で判定します。

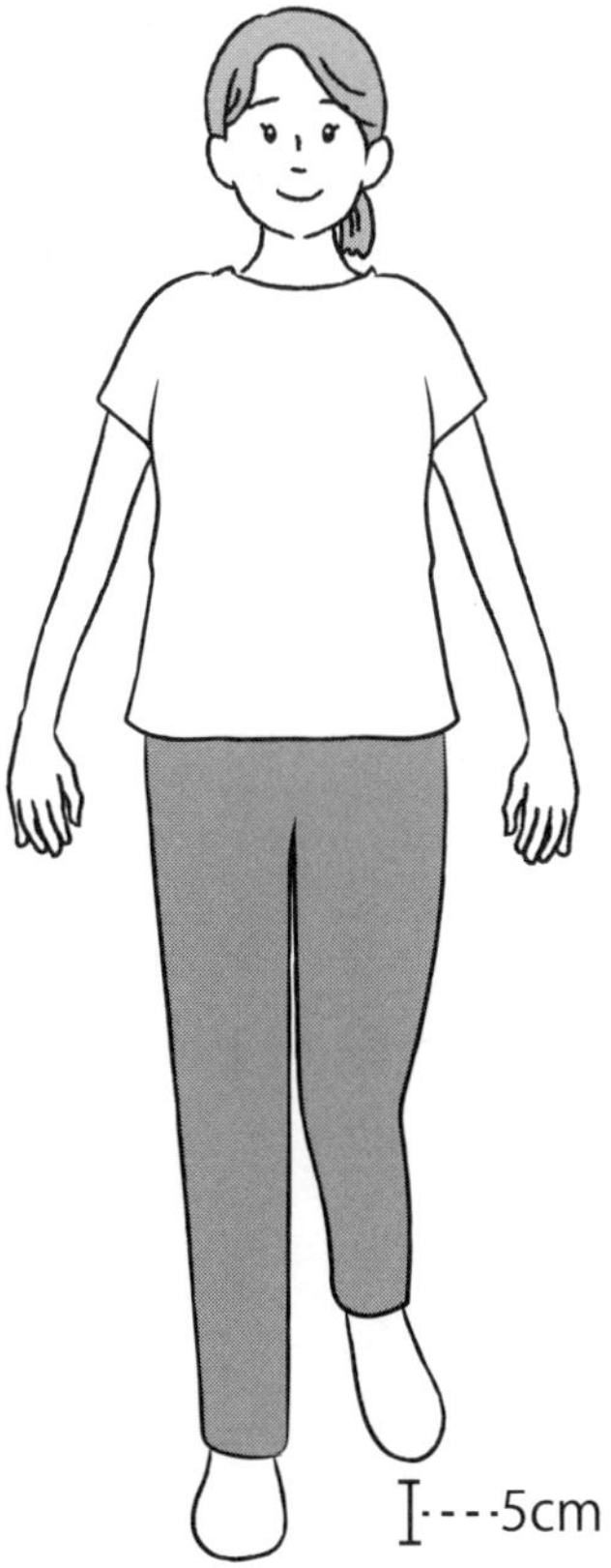

※ 120 秒できた方は、測定を終了してください。

	男性の平均	女性の平均
65 ～ 69 歳	82.72 秒	89.46 秒
70 ～ 74 歳	74.77 秒	76.28 秒
75 ～ 79 歳	58.56 秒	61.79 秒

（スポーツ庁令和5年度「体力・運動能力調査」（速報値）より）

体力チェック2　「イス立ち上がり」

左のイラストのように、イスの前に立ち、座ったら立ち上がる、という動作を10回行い、かかった時間を測ります。

・イスの前に立ちます。足は肩幅程度に開きます。
・イスに座り、お尻がついたら、立ち上がります（ひざが十分に伸びるまで）。
・「座る」「立つ」の動作を10回くり返し、かかった時間を測ります。

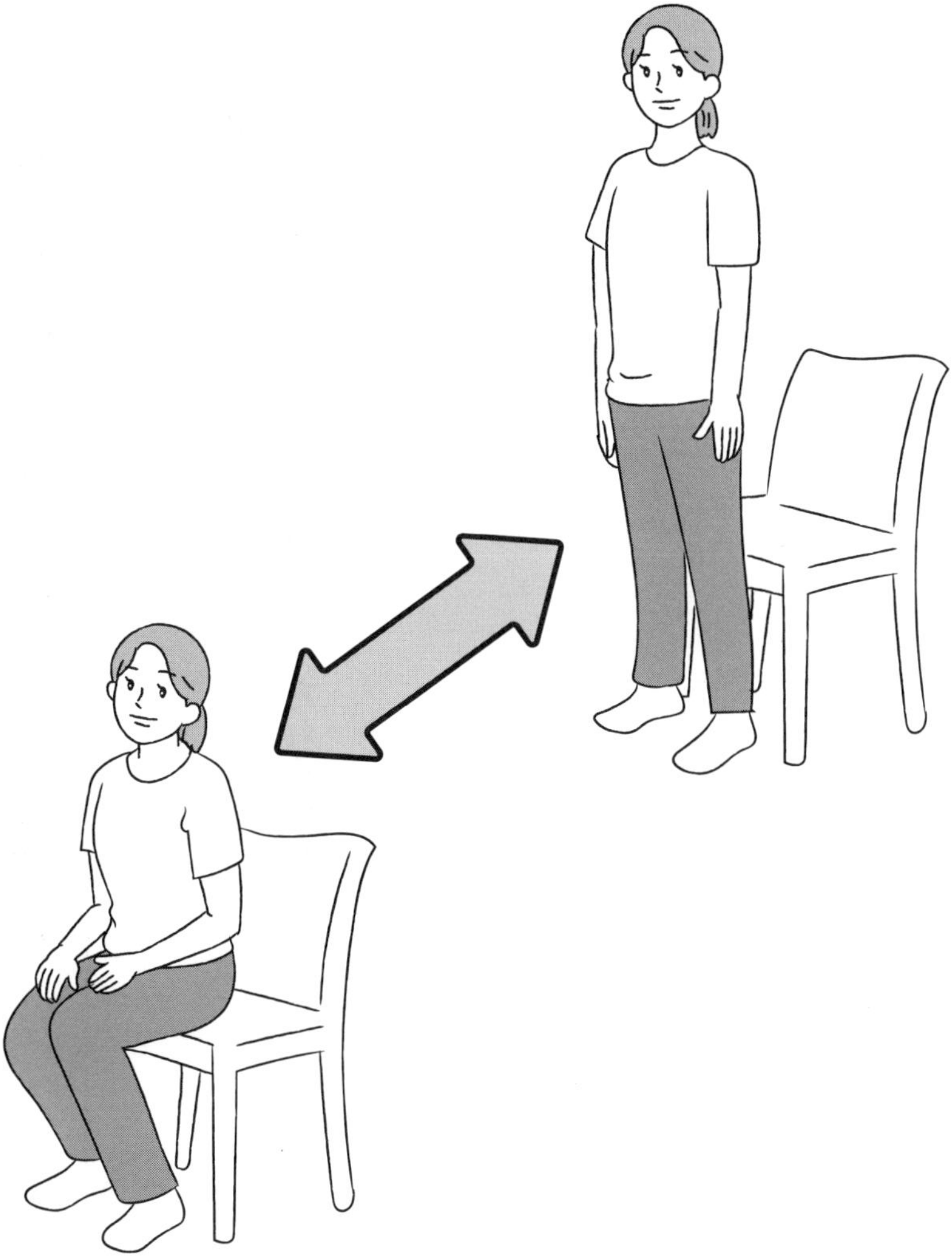

	男性の正常範囲	女性の正常範囲
60 ～ 69 歳	9 ～ 13 秒	9 ～ 16 秒
70 歳～	10 ～ 17 秒	11 ～ 20 秒

（健康長寿ネット『イス座り立ちテストの測定方法と評価』より一部改変）

「足腰の弱い子ども」が増加中

「しゃがむことができない」
「片足でしっかり立てない」
「床の雑巾がけができず、体を支えられずに転んでしまう」
「肩こりや腰痛がある」

「あー、私もだ。年をとるとねぇ……」と思ったのではないでしょうか。いやいや、これは最近の子どもの話です。

まるで高齢者が陥りやすい「ロコモティブシンドローム」にそっくりの症状です。このような状態は**「子どもロコモ」**と呼ばれています。

ロコモティブシンドロームとは、骨、関節、軟骨、筋肉、靭帯、腱、神経などの運動器機能の不全があり、体が思うように動かせなくなってしまうことです。子どものうちからロコモとは恐ろしい話です。

子どもは体力があるというのはイメージにすぎず、近年、子どもの体力低下が懸念されています。

スポーツ庁がまとめた「令和5年度 全国体力・運動能力、運動習慣等調査の結果（概要）について」によると、体力テストでの体力合計点は小中学生ともに低下傾向にあります。

とりわけ、運動する機会が制限されてしまった新型コロナ禍以降の体力低下は顕著で、いまだコロナ禍以前の水準には至っていません。

心配なのは、筋力、バランス能力、柔軟性、敏しょう性など、いわゆる「運動をするための体力」が落ちているという点です。

「運動をするための体力」が低下すると、体を動かす機会が減ってしまうため「健康に生活するための体力」も低下していきます。

すると、生活習慣病に罹患しやすくなります。このままでは、メタボや生活習慣病に苦しむ子どもが増えることもあるかもしれません。

もし、お孫さんやお子さんがいらっしゃったら、一緒にスゴイもも上げを習慣にしてみてはいかがでしょうか。

運動は一人でやってもいいですが、誰かと一緒にやっても楽しいですよ。

2章

体力がみるみるアップする！「スゴイもも上げ」

スゴイもも上げのポイントは2つ「ももを高く上げる」「ももを上げたら1秒止める」

① 立つ

壁に寄りかかって立ちます。
頭、肩、腰を壁につけます。
両手の手のひらを壁につけて、
体を安定させます。
両足はそろえて、壁から
10〜15㎝くらい前に出します。

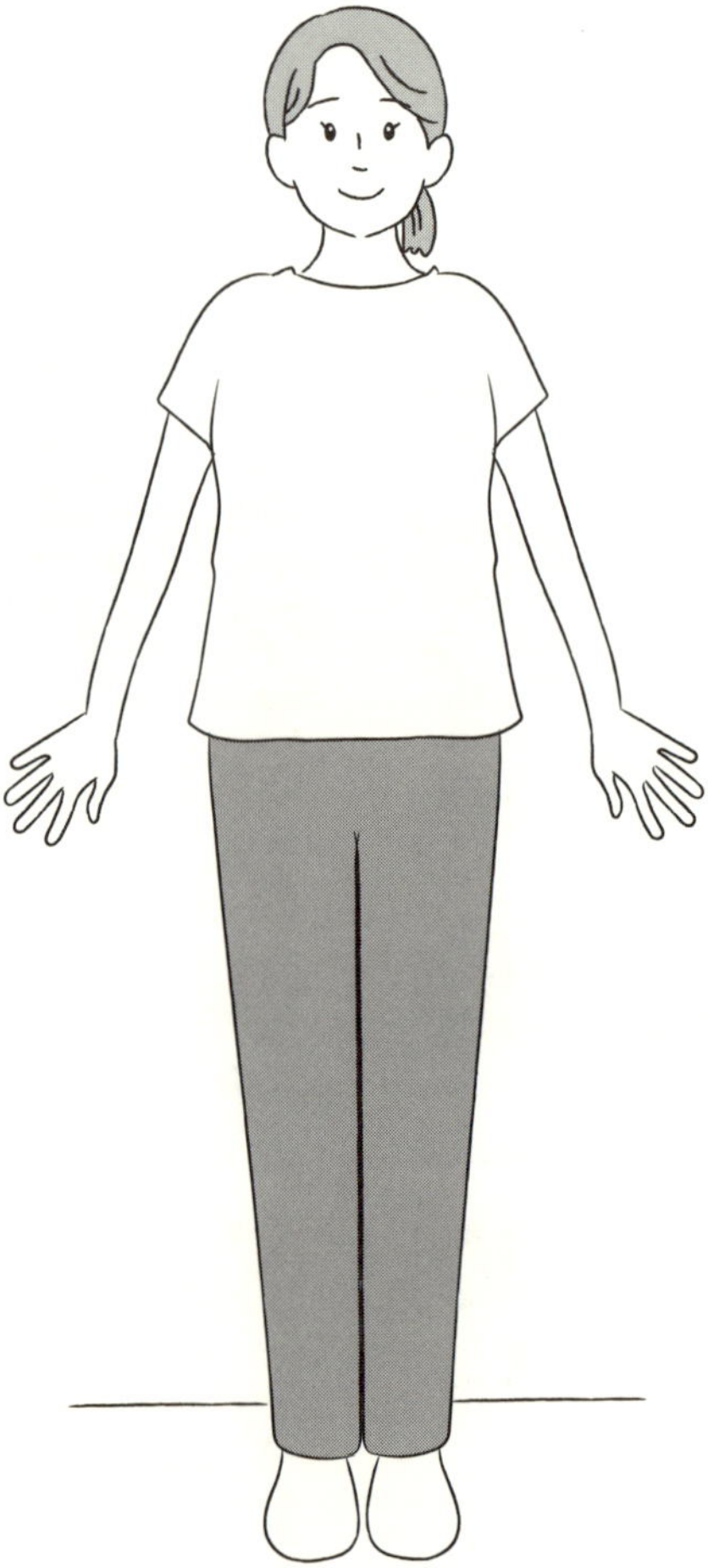

このポーズがスゴイ理由

- 壁に寄りかかるので、体が安定して転倒しません。
- 手のひらを壁に当てて体を支えるので、体の軸が安定します。
- 壁から体が離れないように意識すると猫背や反り腰になりにくく、正しいフォームを保てます。

「ももを上げる」→「1秒止める」→「ももを下げる」をくり返します。
右のもも、左のもも、というように左右交互に行います。

2

ももを上げる

ももを、できるだけ
高く上げます。
つま先は下向きにします。
上げたところで、
1秒止めます。

このポーズがスゴイ理由

・体力アップの要、大腰筋《だいようきん》をしっかり動かせます。
・1秒止めることで、大腰筋をさらに刺激できます。
※大腰筋が大事な理由は、120ページにあります。

「30秒間」で
左右のももを上げ下げします

① 立つ

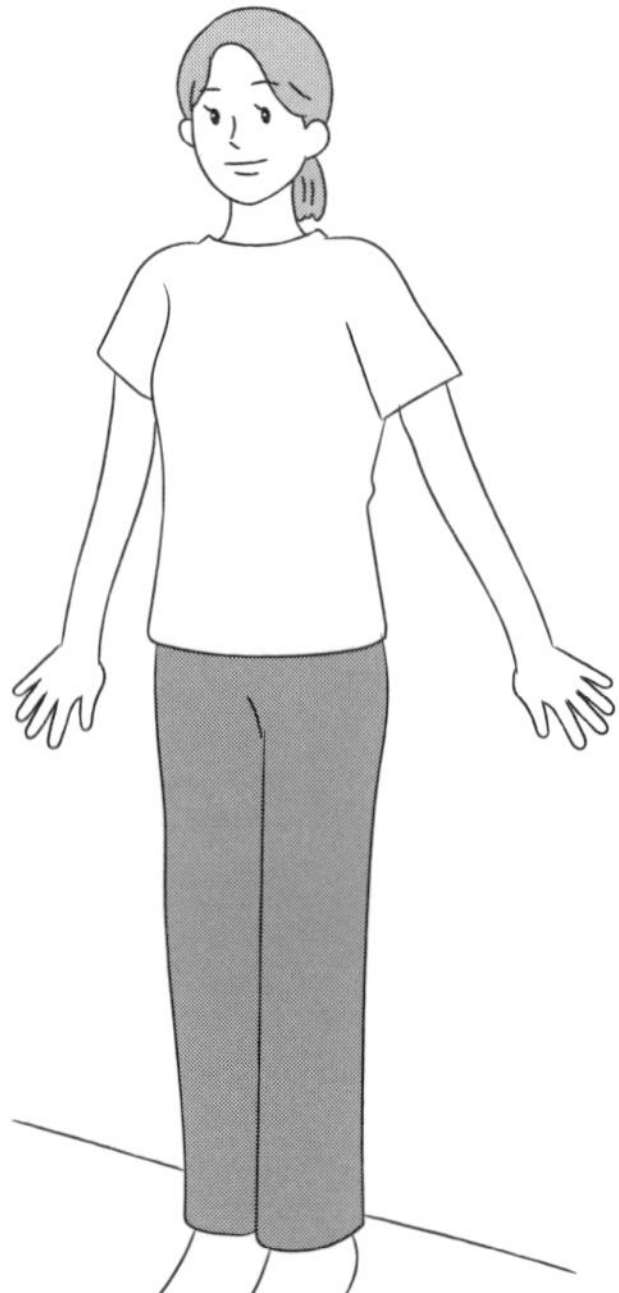

壁に寄りかかって立ちます。
頭、肩、腰を壁につけます。
両手の手のひらを壁につけて、
体を安定させます。
両足はそろえて、壁から
10～15㎝くらい前に出します。

② ももを上げる

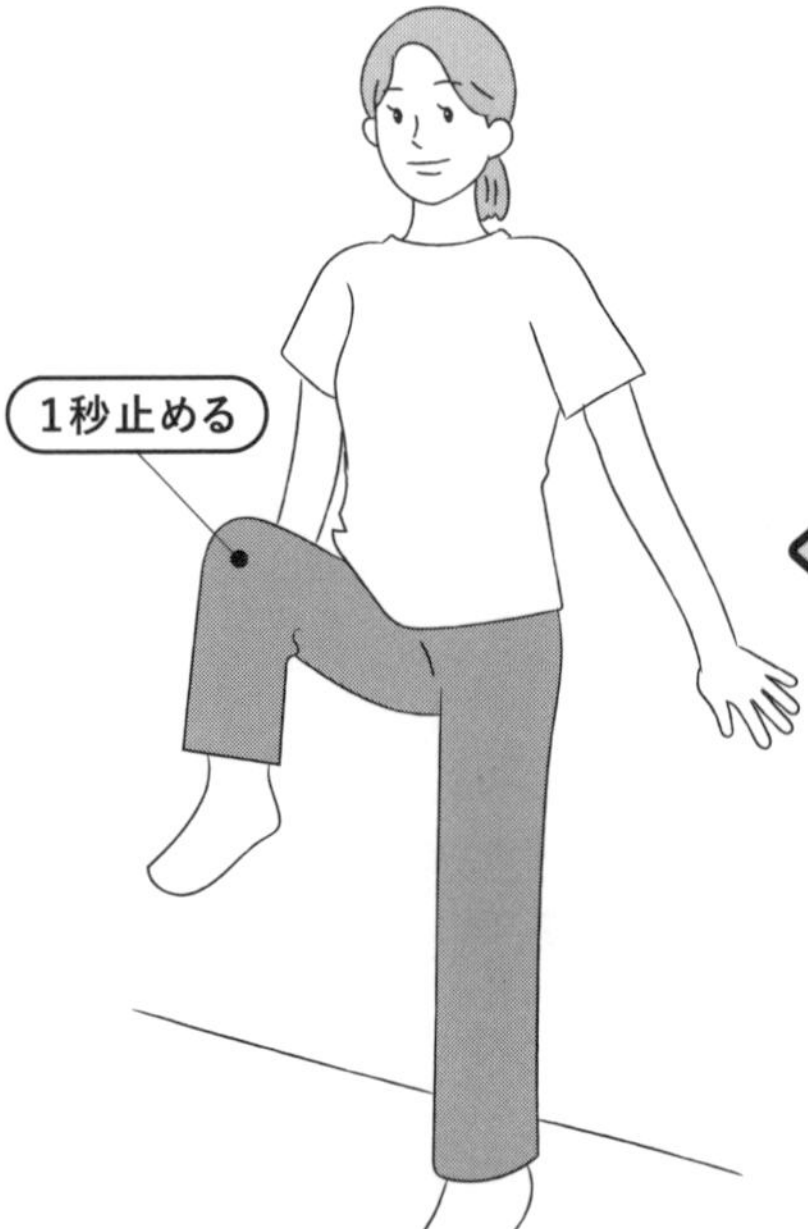

ももを、できるだけ高く上げます。
つま先は下向きにします。
上げたところで、1秒間止めます。

「ももを上げる」→「1秒止める」→「ももを下げる」を「30秒間」でくり返します。右のもも、左のもも、というように左右交互に行います。リズミカルに上げ下げしますが、回数にこだわらなくてOKです。1回30秒を守れば、1日に数回やってもかまいません。

③ ももを下げる

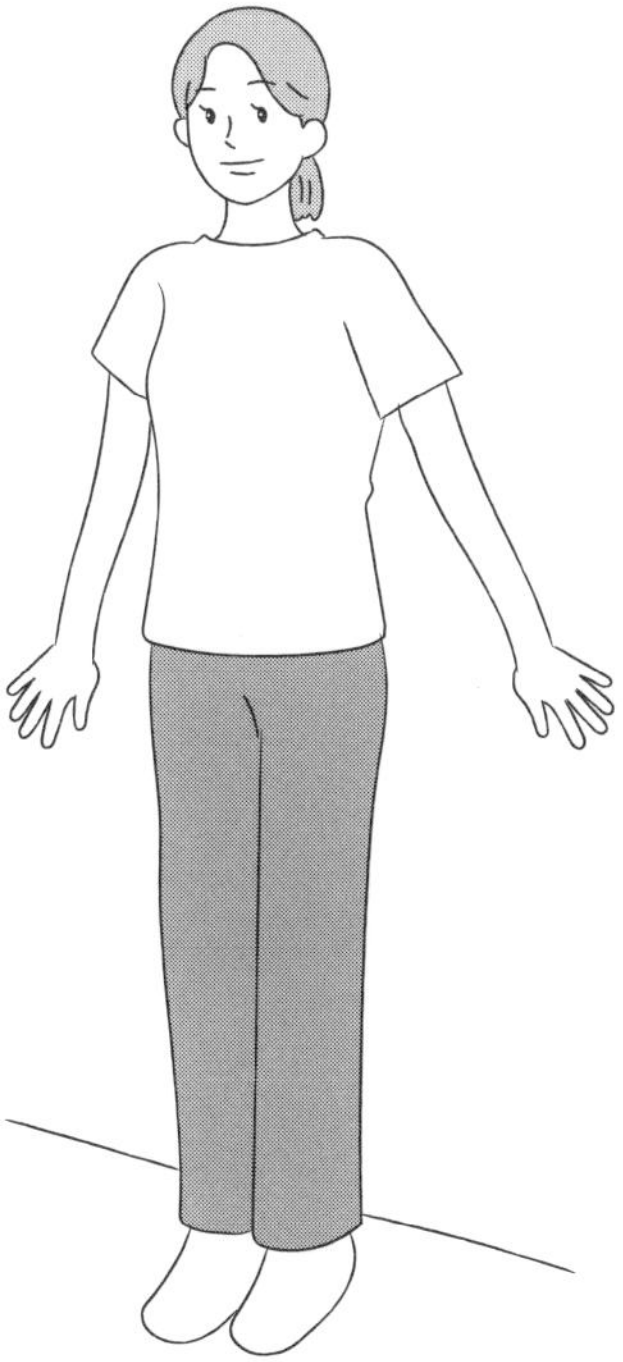

ももを下げます。

④ 反対側のももを上げる

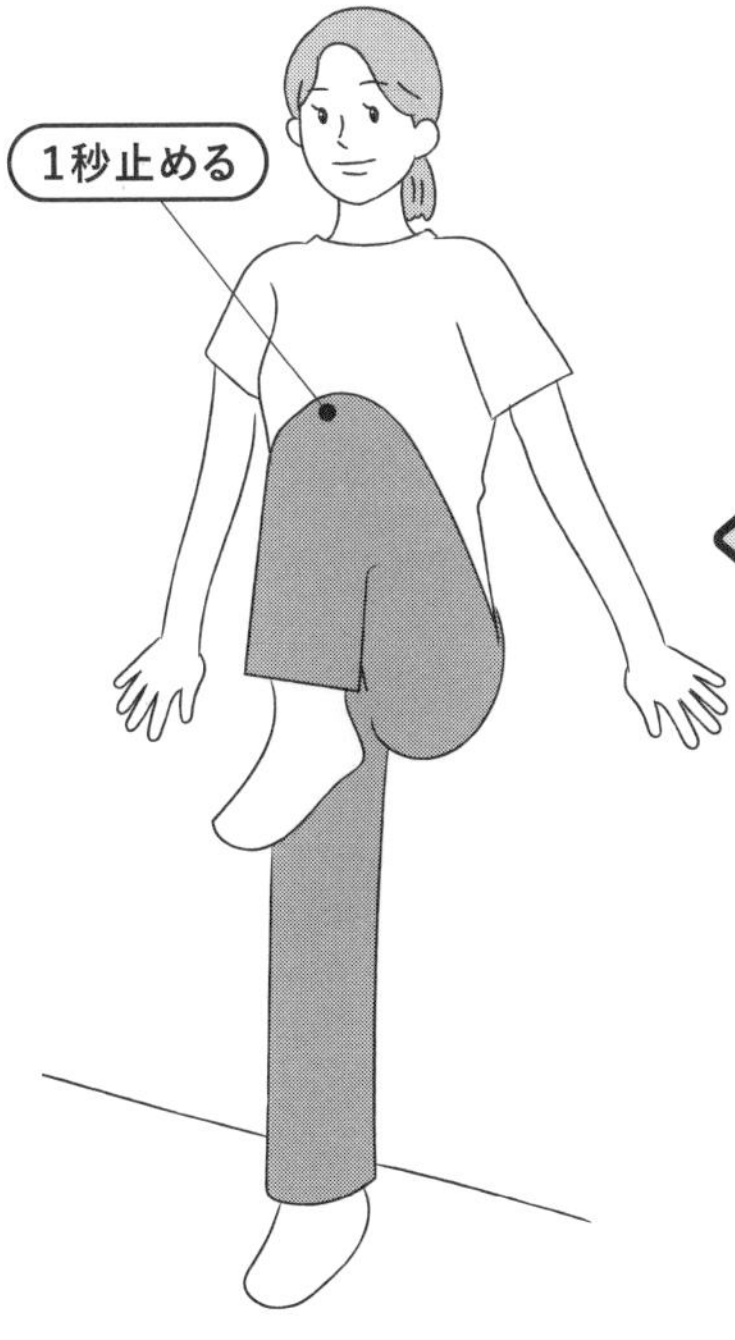

反対側のももを、できるだけ高く上げます。
上げたところで、1秒間止めます。
つま先は下向きにします。
ももを下げます。

❶〜❹を30秒間でくり返します。

※呼吸法の決まりはありません。楽に息をしたまま行ってください。

この4つに気を付けると上手にできる

以下の4点を守ると、スゴイもも上げが上手にできます。

①ももはできるだけ高く上げる
②ももを上げきったところで「1秒」止める
③軸足のひざを曲げない
④猫背になったり、腰を反らしたりしない

あとは両手でしっかり壁を押さえて、左右交互にももを上げるだけ。**スピードは自分のペースで調整してOKですが、1回1回を丁寧に行ってください。**

⚠ 注意しましょう！ ⚠

ケガをするこんな姿勢

猫背になっている

ももを高く上げるつもりが、背中を曲げて猫背になってしまうことも。頭、肩、腰をしっかり壁にくっつけておけば猫背になりませんよ。

反り腰になっている

腰を痛める原因です。ももを高く上げようとして、背中を反らせてしまうこともありがち。腰をしっかり壁につけることを意識すれば、腰が反りません。

軸足のひざが曲がっている

猫背になりやすくなり、効果が減弱します。ももを上げないほうの足にも意識を向け、まっすぐ立つようにしてみてください。

ふらつく

ふらつきながらやると、体を痛めたり、転倒をしたりしてしまいます。70ページのやり方を、もう一度確認しましょう。

「ももを高く上げる」「1秒止める」が効果を高めるポイント

スゴイもも上げは、とても簡単なので、やり方に迷うことは少ないはずですが、2つのポイントを守ると、より一層、効果を高めることができます。

ポイント① ももをできるだけ高く上げる
ポイント② ももを上げきったところで「1秒」止める

筋トレは、楽すぎるのもよくありません。筋肉を十分に刺激できないからです。ですから、ももはできるだけ高く上げるようにします。疲れてくると、ももが下がりがちになりますが、**30秒で回数をこなす必要はありません。**ももをしっかり上げることを大事にしてください。

特に、残り時間が10秒を切ったら、意識して高く上げるようにしましょう。

ももを高く上げたら、「1秒」止める

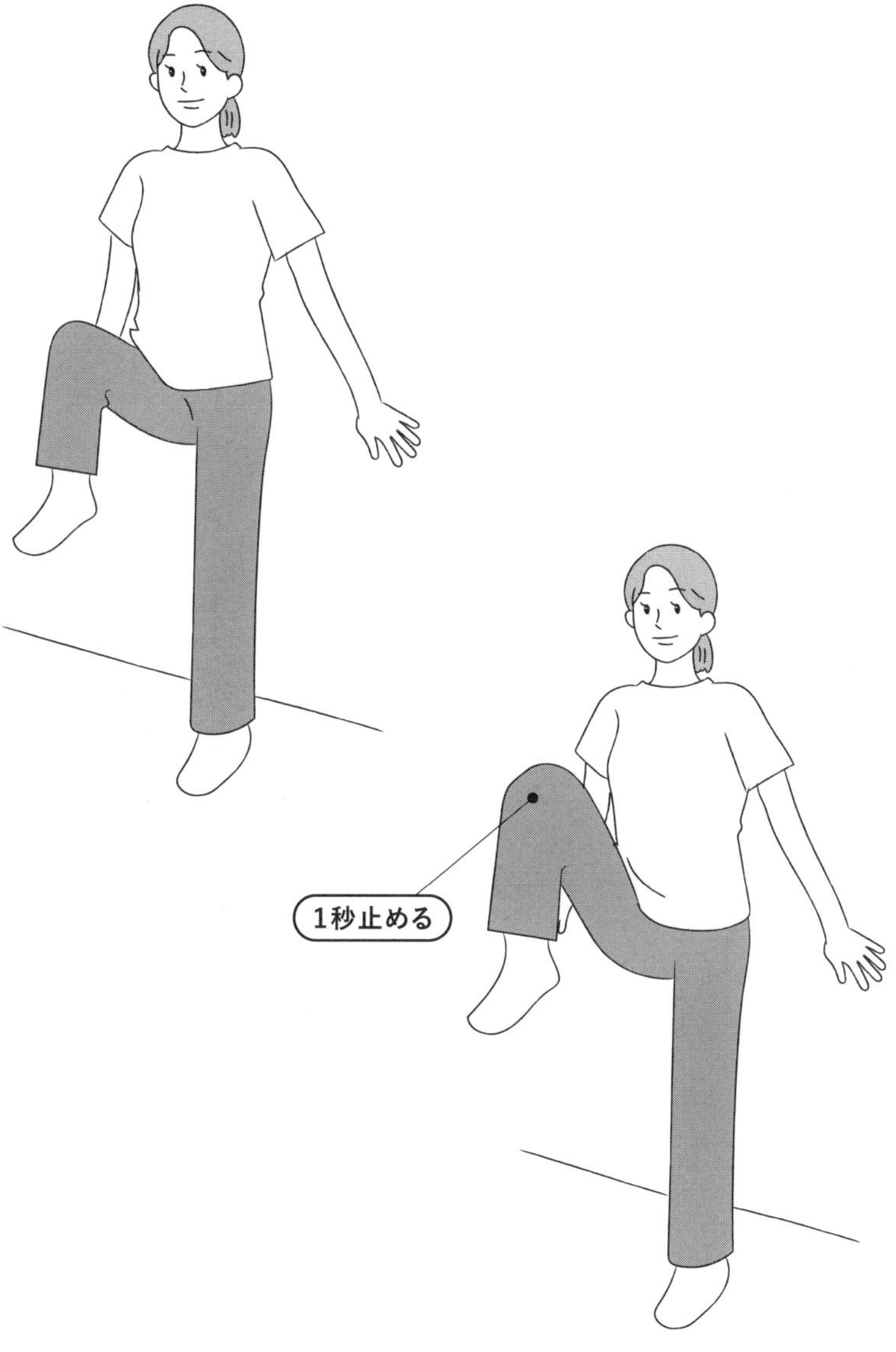

それから、ももを上げきったところで一瞬、動きを止めます。時間で言うと**1秒くらい。**

この「止め」があることで、大腰筋《だいようきん》に強めの負荷をかけることができます。

筋トレはすべて同じなのですが、筋肉が最大限に収縮した状態（ももを上げたとき）で、すぐに脱力して元に戻してしまうよりは、**収縮状態を一瞬でも維持することで、より大きな効果が得られます。**

論より証拠。試しに、1秒の「止め」なしでもも上げをしてから、「止め」を入れてやってみてください。

どちらが筋肉に効いた感覚がありましたか？　足を上げた状態で1秒止めるほうが効きますよね。

ただし、動きを止めることが難しく感じる方もいるかもしれません。そんな方は、はじめはももを高く上げることだけに集中してみてください。そして、ももを上げる動作に慣れたら、ももを上げきったところで1秒止めてみてください。

また、30秒で何回できるか、という回数にもこだわらないでください。**回数をこなそうと速いテンポで行うと、ももを上げる高さが不十分で、一瞬の止めもおそろかになり、筋肉に適切な負荷をかけられない**からです。

ちなみに、私自身が好んで行なっているのは、ももをできるだけ高く上げ、そこで「ギュッ」と言いながらしっかり止めること。それを忠実に行うと、回数は自ずと決まってきます。

そして、「グイッとももを持ち上げる→上げきったところで1秒動きを止める→ももを下げる」この一連の流れを止めることなく行いましょう。

リズミカルな動きをすることで、心拍数を上げる＝心肺機能を高めることができます。

「壁に寄りかかる」から正しいフォームでできる

もも上げ運動の主役となる筋肉は、股関節まわりに位置する筋肉である**「大腰《だいよう》筋《きん》」**です。

大腰筋を効率よく鍛えるためには、大きく伸ばしてしっかりと収縮（縮める）ことが必要です。しかし、**猫背になると十分な筋収縮が得られず、筋トレ効果が減ってしまいます。**

実際、「ももをできるだけ高く上げてください」と言うと、背中を丸めて上体にひざを近づける方がたくさんいます。

猫背で行うと、肋骨が閉じて胸の動きが制限されるので、肺が伸縮できなくなります。すると呼吸が浅くなって、心肺機能を高める効果も小さくなります。

一方で、なんとかひざを上体に近づけようとして、腰を反らせてしまう方もいます。そうすると尻もちをついたり、腰を痛めたりするリスクが高まります。

猫背にも、反り腰にもならずに、いかにももを高く上げるか、いろいろと試してみて考えついたのが **「壁に寄りかかる方法」** です。

壁に背中を密着させることで体が安定するので、転倒して尻もちをついたり、猫背や反り腰になったりしません。**特に意識してほしいのは、頭と両肩、腰を壁に密着させて離さないことです。** そのためには大きく両手を広げて、壁にもたれます。

正しい姿勢で大腰筋を鍛える

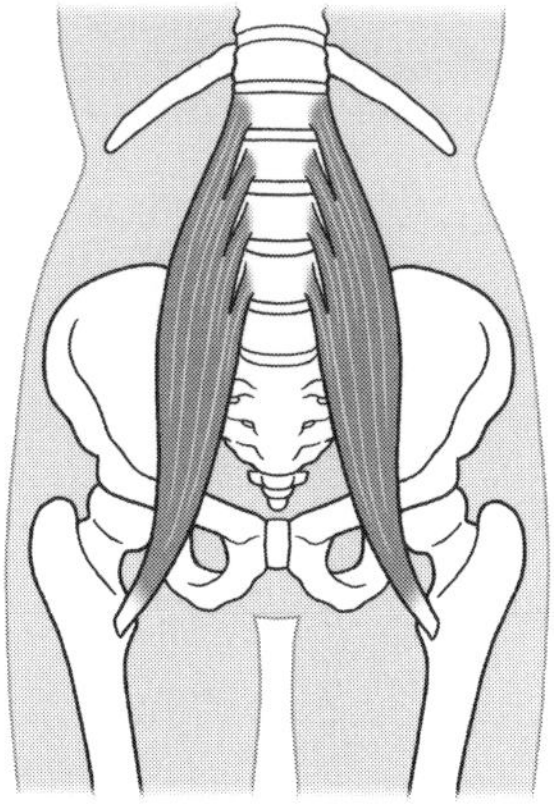

猫背だと、大腰筋を十分に収縮させられない

頭が壁から離れるのは猫背の証拠。「タオル」で補整を

壁に頭と両肩、腰をくっつけて行う狙いは「正しい姿勢を保ち、フォームのくずれを防ぐ」ことです。

ほかの筋トレも同じことが言えますが、フォームがくずれると、効果を弱めるだけではなく、ケガの原因にもなるからです。

壁につけるのは背中ですが、後頭部、肩甲骨（肩）、お尻の上部を含めて密着させるのが理想です。

筋力不足の方や、日頃から姿勢が悪い方は、ももを上げたときに後頭部が離れやすくなります。もとから背中が曲がっている方は、後頭部が壁につかないと思います。

しかし、後頭部が壁から離れてしまうと、知らずに背中が丸まり、猫背になりやすくなるので要注意です。

どうしても後頭部が離れて壁につかないという方は、左の図のように頭と壁の間に

タオルを挟みます。フェイスタオルを折りたたんで壁と後頭部の間に挟んでみて、視線がまっすぐ前になるくらいの厚みに調整します。

そのままタオルが落ちないように、もも上げをします。すると姿勢も安定し、正しいフォームで行えます。逆に、タオルが落ちてしまうときは、猫背になっている証拠です。

壁と頭の間にタオルを挟む

頭が壁から離れてしまう方は、
たたんだフェイスタオルを挟んで
隙間ができないようにします

30分より30秒のもも上げをすすめるワケ

できるだけ早く筋トレの成果をあげたいなら、どちらがいいと思いますか?

A.毎日「30分」の筋トレをする

B.毎日「30秒」の筋トレをする

答えは、Aの毎日「30分」の筋トレをする、です。長い時間、負荷をかけたほうが筋肉の成長スピードが早まるのは当然です。

「なんだ……(ガッカリ)」と思いましたか?

でも、落胆するのは、まだ早いです。あなたの目的は、「毎日30分の筋トレができる」ようになることでしょうか？　**目的は、「体力をつけること」**でしたよね？

それには、**毎日、少しずつ筋力を強化する習慣を持つことが必要です。**そのためのスゴイもも上げです。

ダンプカーと軽トラックを思い浮かべてみてください。

ダンプカーは、たくさんの荷物を一気に運ぶには優れていますが、広くて限られた道しか通れません。ですから、出動回数は限られます。動かすのにも、たくさんのパワーが必要です。

いっぽう、軽トラックは一度に少量の荷物しか運べませんが、どんな道でもスイスイと入っていけるので、頻繁に出動できます。そして、より少ないパワーでも動かせます。

- **ダンプカー＝30分の筋トレ**
- **軽トラック＝30秒の筋トレ**

ということですね。

この本を手に取ってくださったあなたは、体力が落ちたと感じているのですよね？

きっと、これまで運動の習慣もあまりなかったのではないでしょうか。そんなあなたが、いきなりダンプカー並みのパワーを発揮しようとするのは無理があります。

体に見合わない筋トレは、体力を消耗させるだけです。しかも、長続きしません。

ですから、まずは少ない荷物でいいのです。**少なくても、こまめにきちんと運べば、最終的にたくさんの荷物を運んだことになります。**

スゴイもも上げによって、そんな軽トラのような体を目指してほしい、そう私は思います。

ハードルが低いほど習慣になりやすい

ここで一つ、興味深いデータを紹介しましょう。

カリフォルニア工科大学の調査では、ジム通いを習慣化するには**「少なくとも**

週4回の運動を6週間続ける」ことが最低条件であり、**より早く習慣化するにはハードルを下げることが有効**であることが報告されています。

つまり、30分の筋トレのようなハードな筋トレは習慣化しづらく、三日坊主になってしまう可能性が高いということです。いっぽう、**スゴイもも上げのようなハードルの低い筋トレは継続しやすく、習慣化しやすい**のです。

はじめはハードルを下げて30秒から始めて、それで物足りなくなったら徐々に時間を増やしていけばいいのです。焦ったら負けです。

「たかが30秒、されど30秒」なのです。

整形外科医が考案した「ケガをしない完璧な筋トレ」

私は整形外科医ですが、フィットネストレーナーとしても指導を行っています。その際、もっとも気をつかうのが**「ケガをさせない」**ことです。

医者が筋トレを指導して、それにより生徒がケガをしてしまったら面目が立ちません。とにかく安全第一です。

そのために重視しているのは、

・なるべく軽い負荷から始めること
・正しいフォームで行うこと

この2点です。

日常の診察で、「筋トレをしたら腰が痛くなりました」「ウエイトトレーニングをしたら肩が痛くなりました」と来院する方がたくさんいます。

ウエイト（バーベルなどの重さ）は、魔物です。重いものを持ち上げると、気分がよくなるのは、十分に理解できます（実は私自身、筋トレが趣味だからです）。そして、次はもっと重いものを持ち上げて、最高記録を更新しようと意欲がわきます。それで体が進化して、ウエイトを受け入れてくれればよいのですが、ときに失敗してケガをしてしまいます。

筋トレに限った話ではありませんが、慣れない運動をしてケガをするのは、よくあることです。

特にケガが多くなるのは、中年以降（40〜50代）。若い頃はこれくらいできたと、過去の栄光のイメージにすがり、現実を思い知るのです。

原因は**加齢による自分の運動能力の低下が、認識できていない**ことにあります。運動能力というのは、筋トレに限定すると「筋力」と「持久力」の2種類です。

ウエイトトレーニングの例で言えば、重いものを持ち上げる筋力も、回数やセット数をこなす持久力も低下しているのに、それを認めず無理をしたときにケガをします。

今の自分に見合った負荷でないために、正しいフォームで続けられないからです。

これは筋トレだけではありません。ウォーキングや、ランニングなどの運動にしても、自分の運動能力に見合ったトレーニングでないと、ひどい筋肉痛になったり、ケガをしたり、脈拍が異常に上がり心臓に大きな負担をかけたりしてしまいます。

では、どんな運動だったらケガをせず、体力が落ちた状態でも楽にできるのだろうか——。

医学と、フィットネストレーナーとしての知見を総動員して、本気で考えた末にたどり着いたのが、「スゴイもも上げ」なのです。

もちろん、

・軽い負荷でできる（楽なので気合いがいりません）

・正しいフォームで行える（壁に寄りかかって行うのがミソです）

この2点を満たしているので、どんな方にも自信を持っておすすめできます。

効果を感じられる期間には個人差がありますが、**運動不足気味の方、体力に不安を感じている方ほど早く効果を実感できるでしょう。**

とにかく1日30秒からでよいので、ぜひ続けてみてください。

「グッドモーニング」で、ももが上がりやすくなる

・ももが高く上げにくい
・ももを上げたときに、体が左右に揺れてしまう

こうなってしまう方は、**「股関節まわりの筋肉が硬くなって、骨盤の動きが悪い」「ハムストリングスと呼ばれる、もも裏の筋肉が硬い」**という原因が考えられます。

特に、ハムストリングスが硬いと、ももを上げたときに骨盤が後ろに引っ張られて、猫背になりがちです。ハムストリングスが硬い方は、前屈をしたときに床に指先がつかないでしょう。

このような方におすすめなのが、**「グッドモーニング」というストレッチ。**

グッドモーニングには、硬くなった股関節や、ハムストリングスの柔軟性を高める効果があります。ぜひ、スゴイもも上げを行う前にやってみてください。

グッドモーニングのやり方は、直立姿勢から、股関節だけを曲げてお尻をグーっと後ろに引きます。そうすると上半身が自然と前に倒れてきて、お尻の筋肉である臀筋《でんきん》と、ハムストリングスがストレッチされます。

昔の〝**ガラケー**〟を真ん中で折り曲げるようなイメージです。

注意点は、胸とおへそを前に突き出した状態を保って、絶対に猫背にならないこと、ひざは曲げずにまっすぐに伸ばしておくことです。

上体を前に倒してお辞儀をするのではありません。

上半身と下半身（ひざ）をまっすぐに保ったままで「お尻をグーっと後ろに引く」と自然と正しいフォームがつくれます。

ちなみに、股関節まわり、ハムストリングスを柔らかくすると姿勢がよくなるとともに、**腰痛の予防・改善も期待できます。**

ももが上げにくい人の準備体操「グッドモーニング」

① 立つ

足を肩幅に開いて立ちます。
腰のあたりで手を重ねます。

「立つ」→「お尻を後ろに引く」を「30秒間」でくり返します。
1回30秒を守れば、1日に数回やってもかまいません。

② お尻を後ろに引く

股関節だけを動かして、お尻をグーっと後ろに引きます。
ひざは曲げず、まっすぐにします。
ももの裏が伸びている感じが得られればOKです。
※顔を上げる必要はありません。

❶〜❷を30秒間でくり返します。

「ひざが痛い、腰が痛い、股関節が痛い人」は、このもも上げを！

日常生活の動きに問題がない方であれば、スゴイもも上げは、とても簡単に感じてしまうかもしれません。

でも、極端に筋肉量が少ない方、筋力が弱い方、つまり体力が落ちた方には、はじめはきつく感じられると思います。

- **ひざが痛い**
- **腰が痛い**
- **股関節が痛い**

こんな方も、ももを上げたときに、痛みを感じるかもしれません。

そのような場合は、イスに座ってできる「イスもも上げ」を行ってください。

特にひざが痛い方は、軸足でふんばるときに痛みを感じるかもしれないので、この方法をおすすめします。

背すじをまっすぐに伸ばして、両手でイスの座面をつかんで左右交互にももを上げます。

スゴイもも上げと同様、ももを高く上げ切ったところで一瞬止めますが、そのときには**負荷を上げるため「2秒」止めてみてください。**

注意点は、おへそをしっかりと前に出して絶対に背中を丸めないこと。猫背になると効果が激減します。腰を反らせないよう、背筋を伸ばしましょう。

ただし、このやり方はあくまでもスゴイもも上げの助走のようなもの。「できそう！」と感じたら、スゴイもも上げに移行しましょう。

ひざ痛、腰痛、股関節痛の人

「イスもも上げ」は ももを上げたら2秒止める

① イスに座る

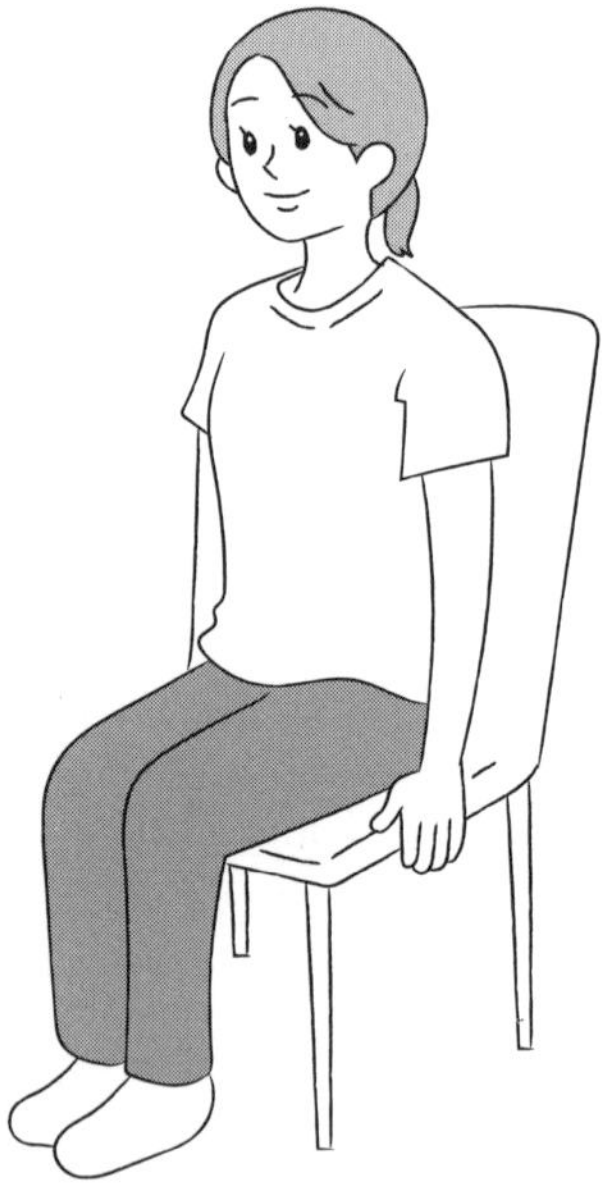

背すじをまっすぐに伸ばして、イスに座ります。両手でイスの座面をつかみます。

② ももを上げる

ももを、できるだけ高く上げます。
つま先は下向きにします。
上げたところで、2秒間止めます。
※背中が丸まらないように注意。
　効果が激減してしまいます。

「イスに座る」→「ももを上げる」→「2秒止める」→「ももを下げる」を、「30秒間」でくり返します。左右交互に行います。

リズミカルに上げ下げしますが、回数にこだわらなくてOKです。

1回30秒を守れば、1日に数回やってもかまいません。

③ ももを下げる

④ 反対側のももを上げる

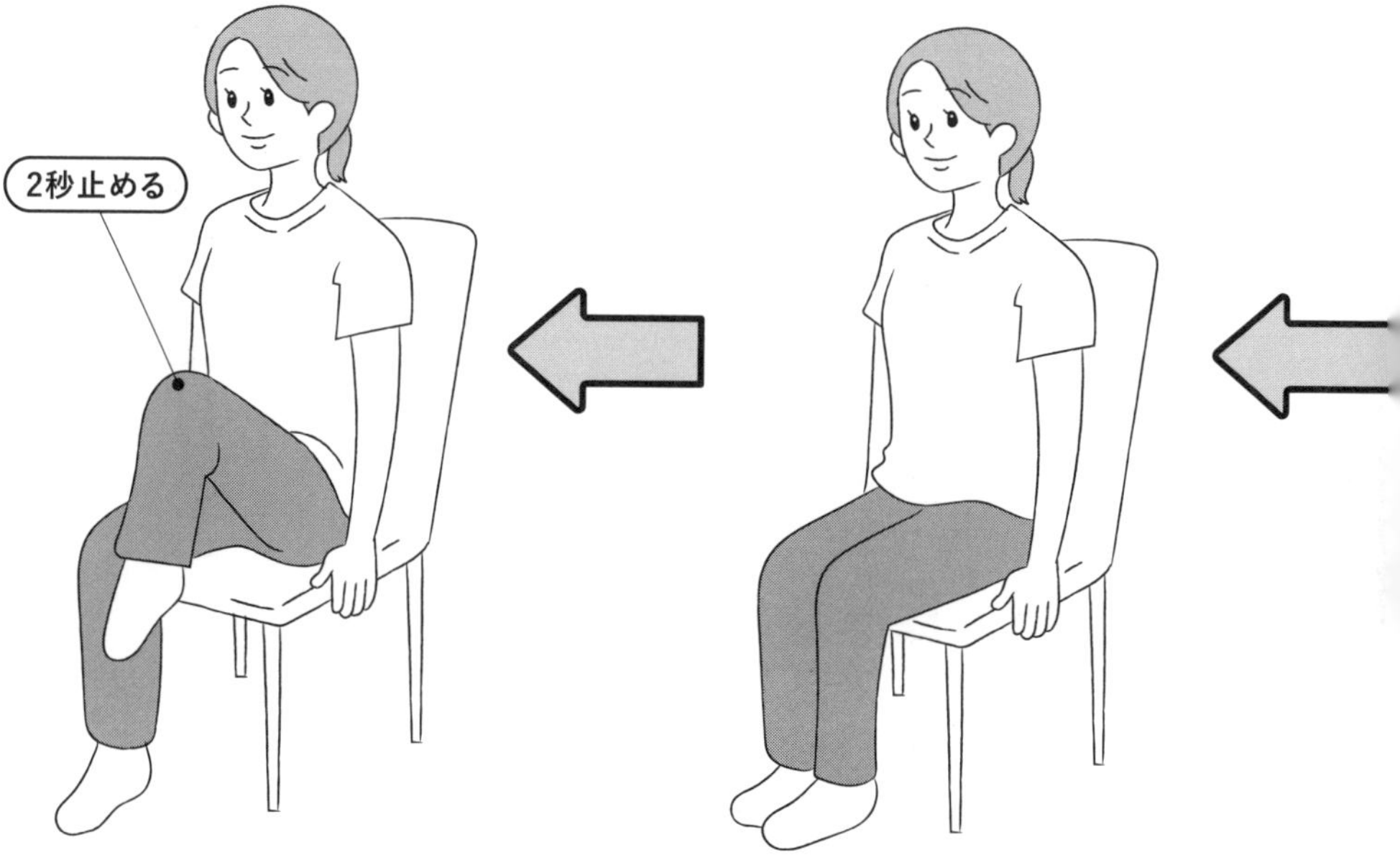

ももを下げます。

反対側のももを、できるだけ高く上げます。

上げたところで、2秒間止めます。

つま先は下向きにします。

ももを下げます。

❷〜❹を30秒間でくり返します。

※呼吸法の決まりはありません。楽に息をしたまま行ってください。

もっとやりたい人は「ももを上げる↓さらに上げる」

「同じ筋トレをずっと続けていて効果があるものなの？」

「簡単すぎて効果があるのかが不安」


こう感じる方もいらっしゃるでしょう。

まず、このもも上げがスゴイのは、体力の衰えを感じている方でも、気合いゼロでできるところです。運動習慣がない方でも、高齢の方でも抵抗なく行えるはずです。

そして、さらにスゴイのは、**「やり方に変化をつけて、より効果的にできる」**という点。

より筋トレの効果を得るためには、筋肉の刺激に変化を持たせることが有効です。

たとえば、30秒間スゴイもも上げを行ったら、30秒間休み、また30秒間スゴイもも上げを行う、というように**1セットだけでなく、数セット行う方法があります。**

もっときつくてもできそうであれば、**ももを最大限の高さまで上げたところで一瞬止め、その後にもうひとふんばり、さらに高く上げてみてください。**

ももを上げる↓1秒止める↓さらに上げる↓1秒止める↓ももを下げる、ということです。

きつさが増しますが、姿勢がくずれてしまっては台なしです。猫背や反り腰にならないように、姿勢に注意しながらやってみてください。

どうですか？　まだゆるいですか？　そのような方は、ももを1秒止めた状態からさらなる高みを目指して、1回といわず、2～3回さらに上げてみましょう。

でも、どんな方も、はじめはスゴイもも上げからスタートしてくださいね。

「ももを上げる」→「さらに上げる」と筋肉の負荷を上げられる

① 立つ

② ももを上げる

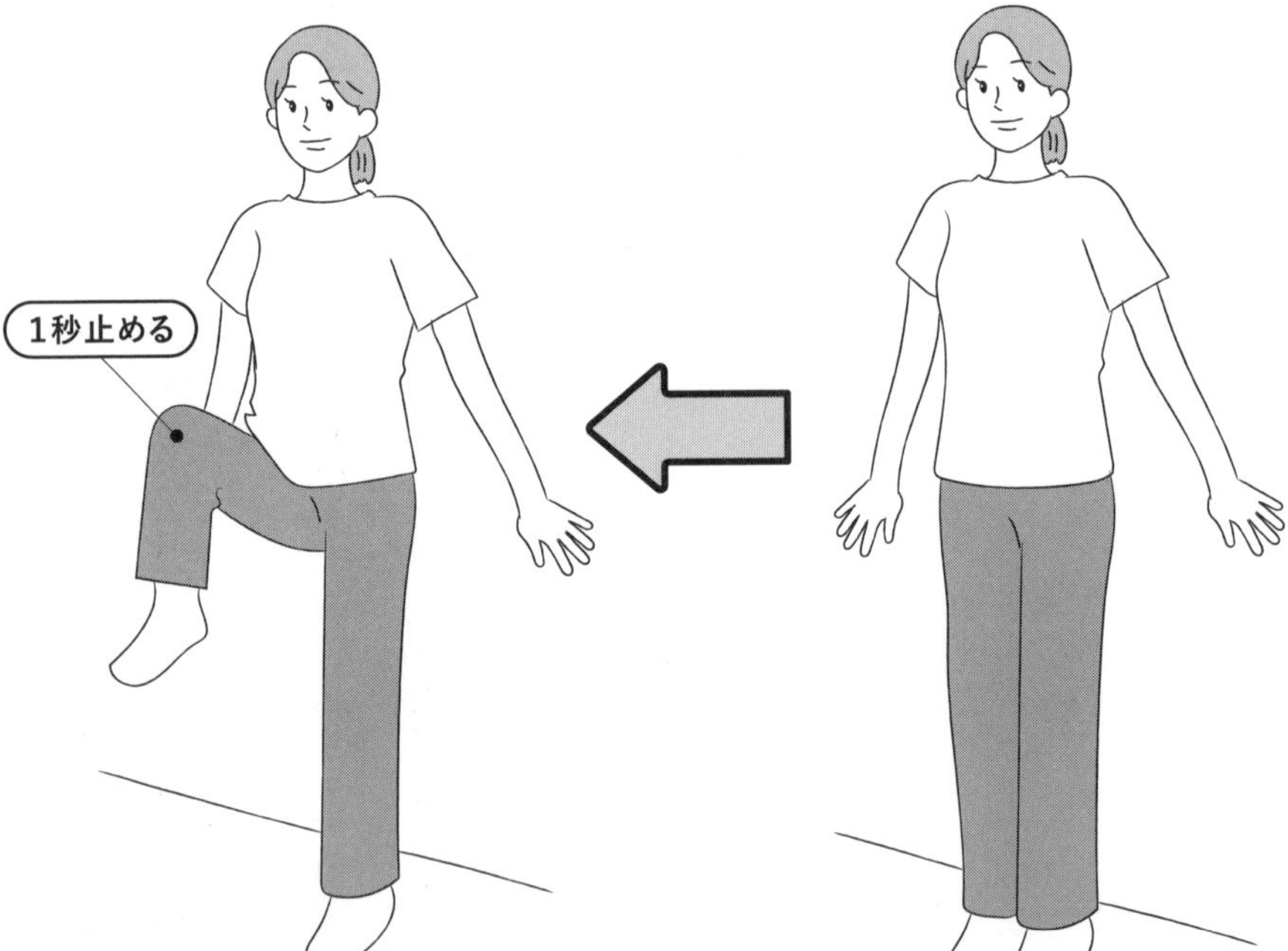

壁に寄りかかって立ちます。
頭、肩、腰を壁につけます。
両手の手のひらを壁につけて、
体を安定させます。
両足はそろえて、壁から
10〜15㎝くらい前に出します。

ももを、できるだけ高く上げます。
つま先は下向きにします。
上げたところで、1秒間止めます。

「ももを上げる」→「ももをさらに上げる」→「1秒止める」→「ももを下げる」を、「30秒間」でくり返します。左右交互に行います。

リズミカルに上げ下げしますが、回数にこだわらなくてOKです。

1回30秒を守れば、1日に数回やってもかまいません。

③ ももをさらに上げる

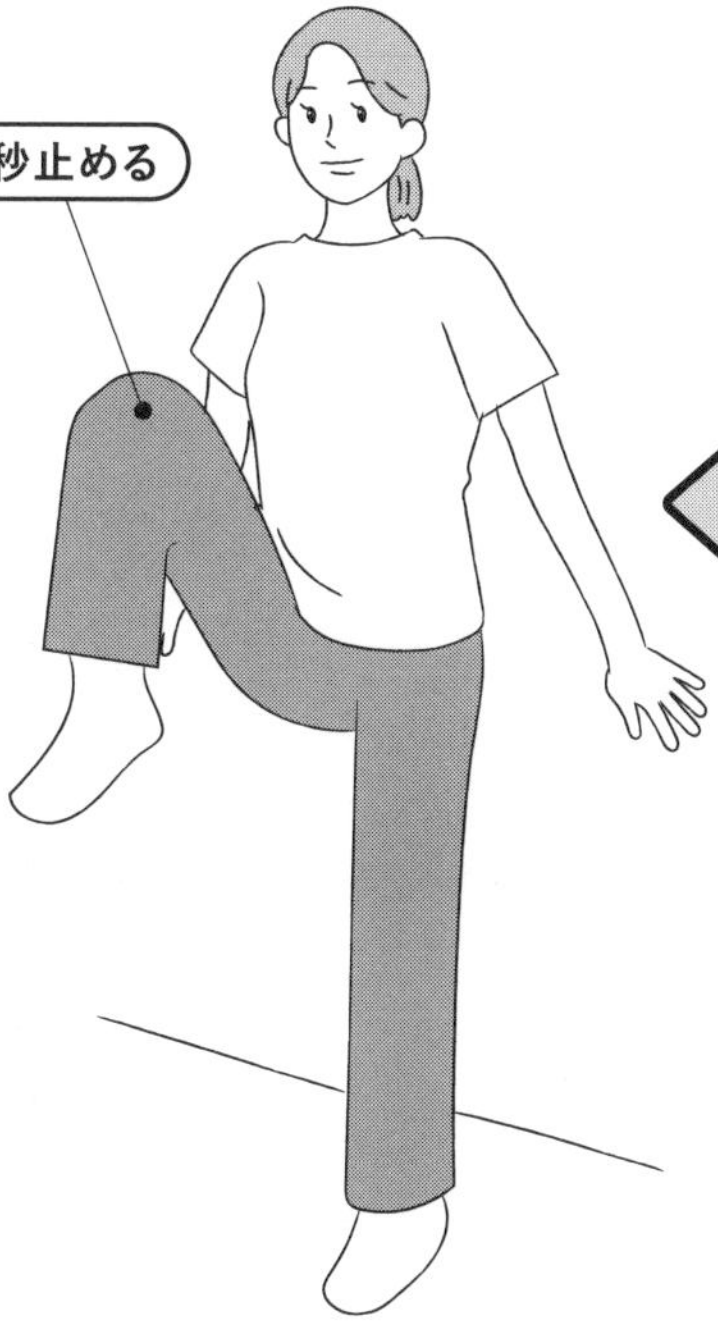

ももを、さらに高く上げます。
上げたところで、1秒間止めます。

④ ももを下げる

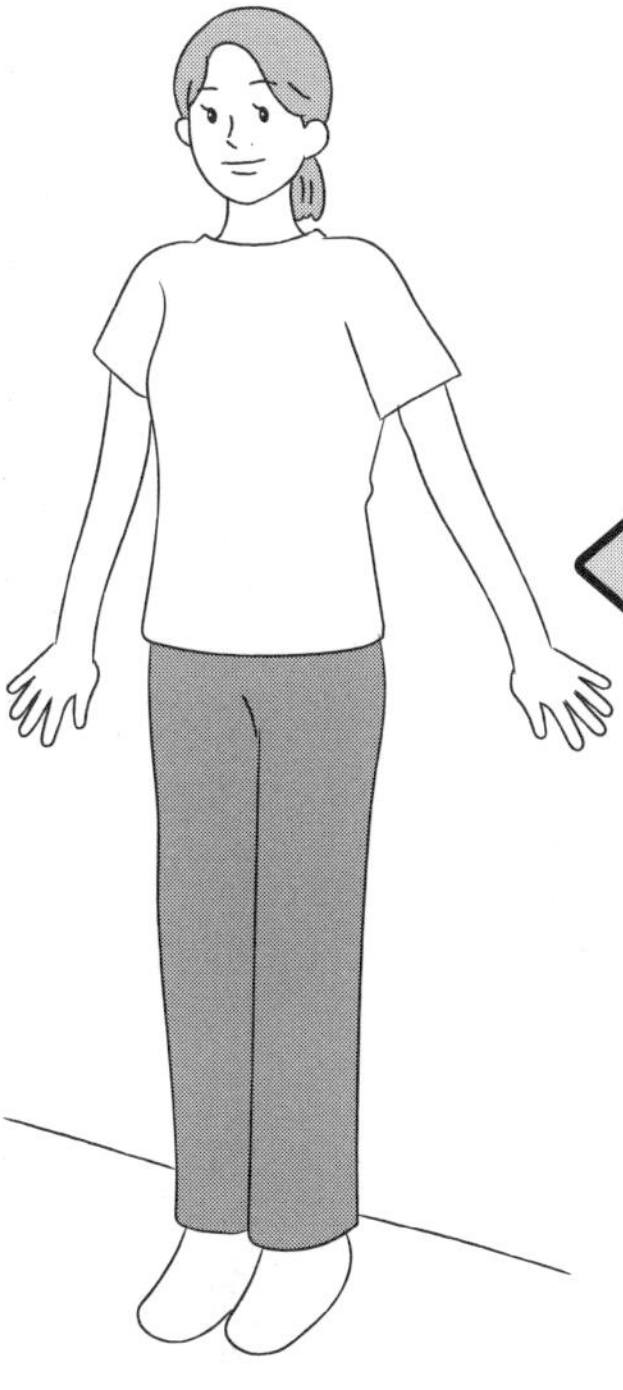

ももを下げます。
反対側のももでも、同様に行います。

❷〜❹を30秒間でくり返します。
※呼吸法の決まりはありません。楽に息をしたまま行ってください。

さらに足腰を鍛える「足裏キック」

ももを上げきったところで、かかとを突き出すようにキックする**「足裏キック」**も、やり方に変化をつけるにはもってこいです。

足裏キックの狙いは、キックをするほうの足の**大腿四頭筋**《だいたいしとうきん》（前ももの筋肉）と、軸足の**足裏の筋肉**を鍛えることです。

大腿四頭筋は人間の筋肉のなかでもっとも大きな筋肉で、**下半身の主要な動きの要となります。**それにもかかわらず、もっとも減りやすい筋肉のため、定期的に強めの負荷を与えて減らないようにしておくことが理想です。

足裏の筋肉は、足の指を曲げる筋肉の集合体で、足の指を使ってグッと地面をつかむようにして、ふんばるときに作用する筋肉です。スゴイもも上げでは、あまり使う必要がありません。

キックをするとき、軸足の指に力を入れてグッとふんばらないと、キックの勢いで体が前に出てしまいます。それをできるだけこらえると、足裏の筋肉に刺激がいき鍛えられます。

足裏キックは、**片足立ちをするとふらつきやすい方、バランスをくずしやすい方にもおすすめです。**

ですが、**あくまで基本は、スゴイもも上げをしっかり行うことです。足裏キックは必ずやらなければならないものではありません。**

「ちょっと物足りないな」と思ったときに行ってもいいですし、1日おきに行ってもOKです。

物足りないと感じたときは「足裏キック」を追加する

① 立つ

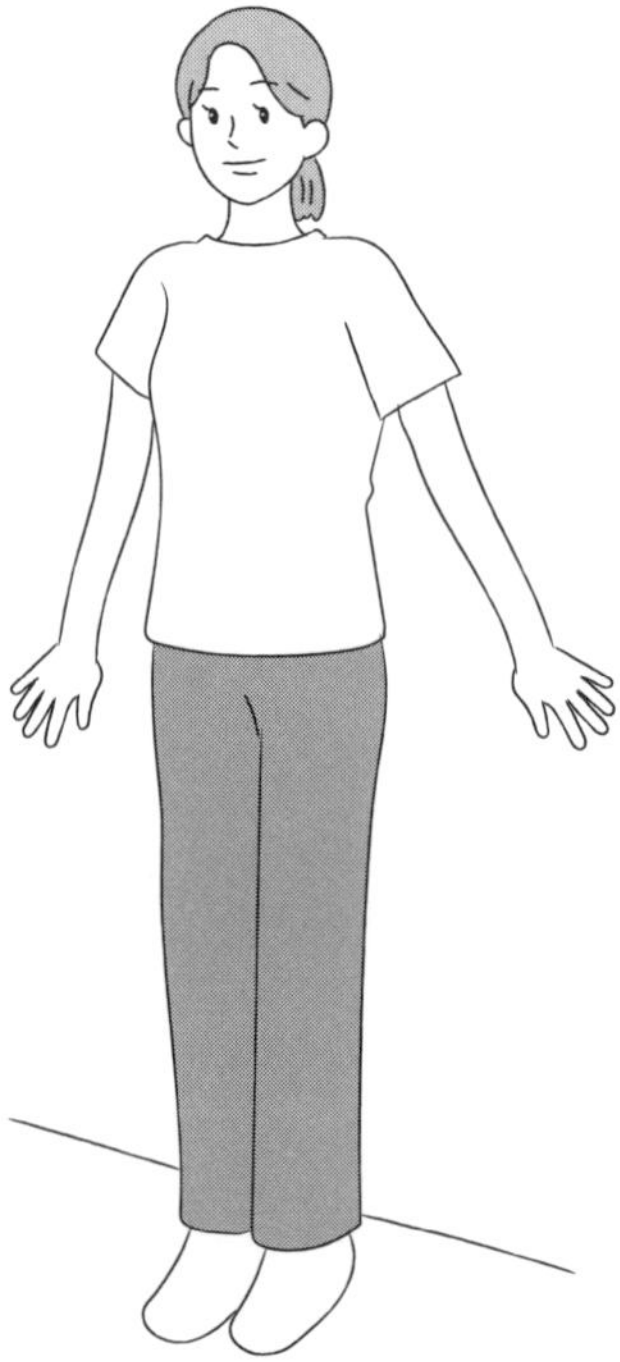

壁に寄りかかって立ちます。
頭、肩、腰を壁につけます。
両手の手のひらを壁につけて、
体を安定させます。
両足はそろえて、壁から
10～15㎝くらい前に出します。

② ももを上げる

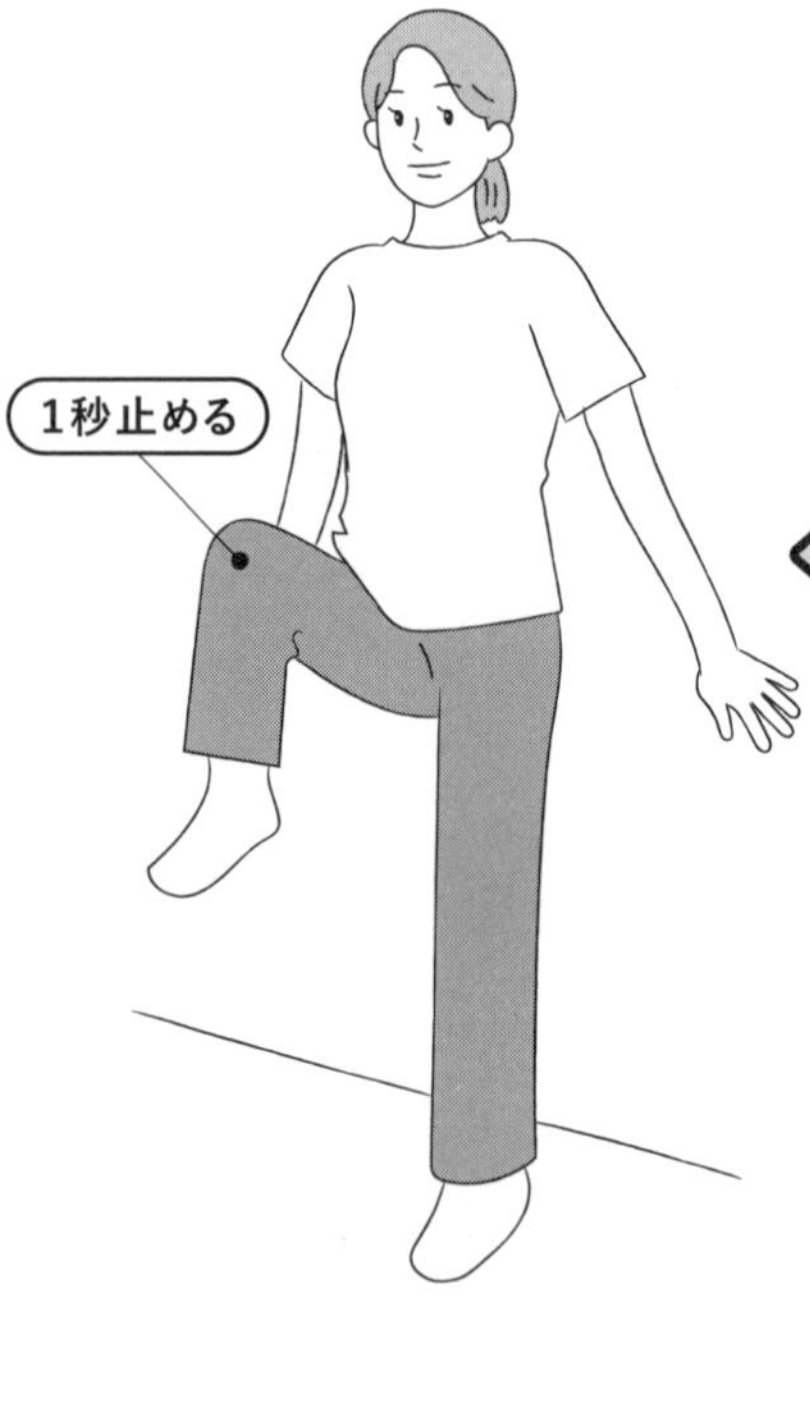

ももを、できるだけ高く上げます。
つま先は下向きにします。
上げたところで、1秒間止めます。

「ももを上げる」→「1秒止める」→「足裏でキックする」→「ももを下げる」を、「30秒間」でくり返します。左右交互に行います。

リズミカルに上げ下げしますが、回数にこだわらなくてOKです。

1回30秒を守れば、1日に数回やってもかまいません。

③ 足裏でキックをする

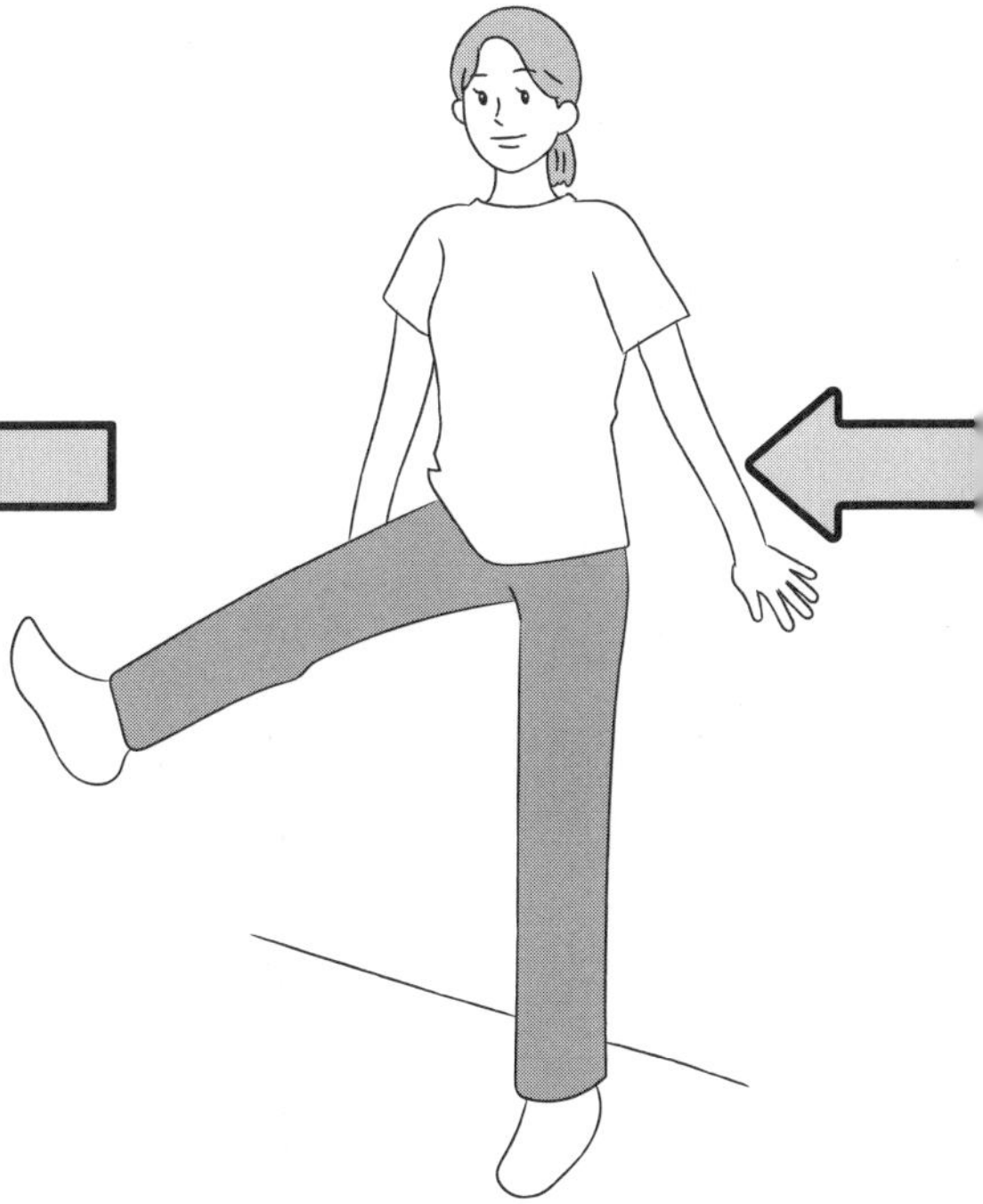

かかとを突き出すように、足裏でキックをします。
前に体が出ないよう、軸足の指でふんばります。

④ ももを下げる

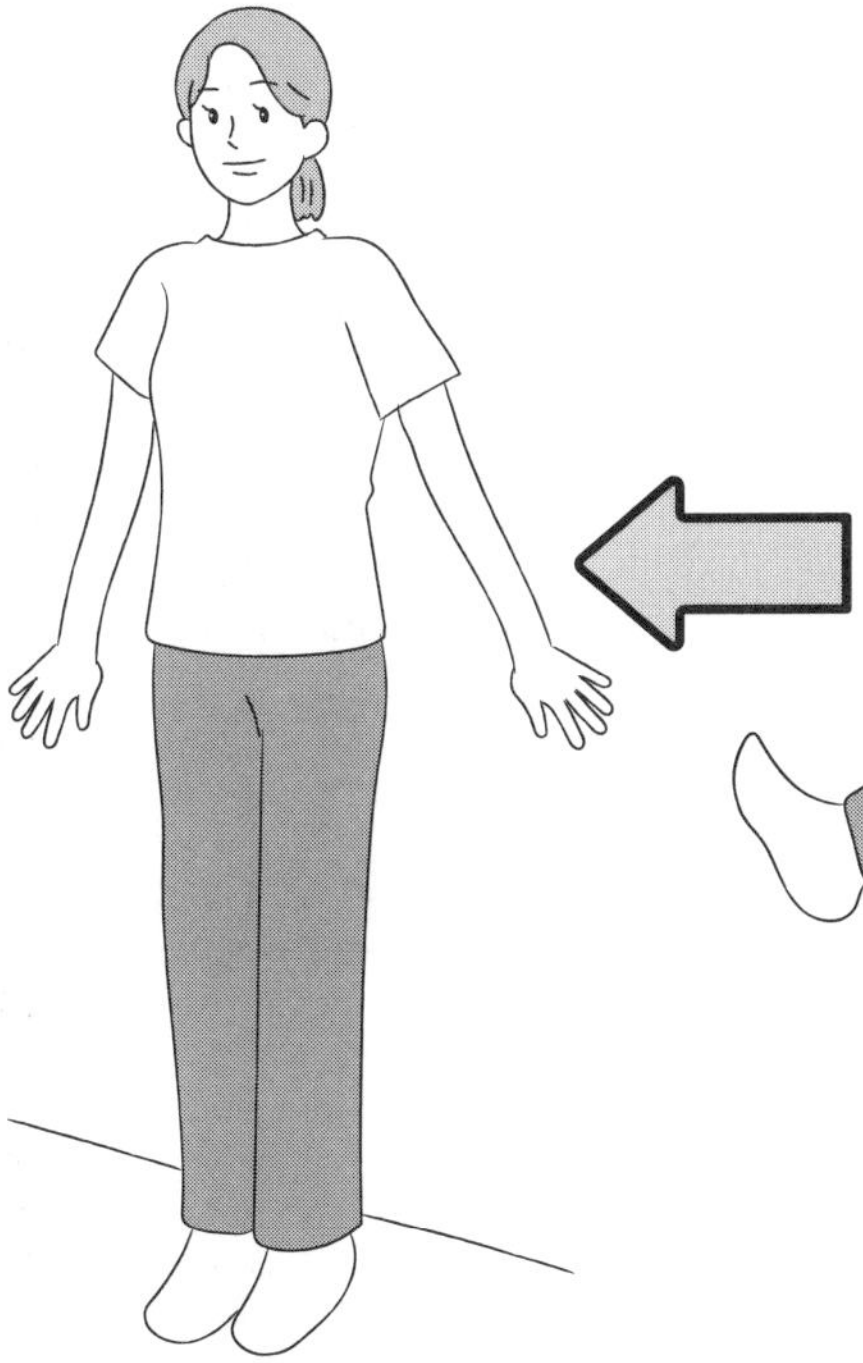

ももを下げます。
反対側のももでも、同様に行います。

❷～❹を30秒間でくり返します。

※呼吸法の決まりはありません。楽に息をしたまま行ってください。

スゴイもも上げ、こんなときはどうする？

スゴイもも上げをするとき、呼吸はどうしたらいいですか？
→決まりはありません。自然な呼吸でOKです。

呼吸は意識をせずに、自然な呼吸を続けましょう。

筋トレ時の呼吸法の基本は、「力を入れるときに息を吐き、力を抜くときに息を吸く」です。その基本にしたがってスゴイもも上げを私自身で試したところ、呼吸のリズムに意識がいってしまい、1つひとつの動作が疎かになってしまいました。

ですから呼吸は自然でよいので、動作をしっかり行うことをぜひ優先させてください。

「30秒以上できそうなので、やってもいいですか？」
→続けて30秒以上は、やらないでください。

1回30秒としているのは、**毎日続けやすくするため、そしてケガをしないようにするため**です。

ですから、1回30秒は守ってください。30秒は意外と長いものです。

実際、多くの方に試してもらいましたが、**最後の10秒あたりから疲れてきて猫背になったり、ももが高く上がらなくなったりする傾向が強い**ことがわかりました。

そのような状態で30秒以上行っても、がんばりに見合った効果が得られなくなってしまうので、もったいない！

30秒以上やりたいと思う意欲はよいことです。しかし、そうすると無意識のうちにフォームが乱れてくるのです。

30秒では物足りないなら、30秒のスゴイもも上げを、何回かくり返してやってください。もしくは、止める時間を2～3秒にすると、強度が上がります。

ももを上げた後、さらに上げる（102ページ）方法と、ももを上げたらキックをする（106ページ）方法も試してみてください。
こちらも、同じく30秒以上はやりません。

30秒で10回しかできません。子どもは20回できるのですが……
↓回数にこだわる必要はありません。

スゴイもも上げは回数をこなすよりも、ももを高く上げること、そして1秒動きを止めることが重要です。回数をこなすことに集中しすぎると、以下のような問題が発生して、効果が半減するおそれがあります。

・姿勢がくずれる
・ももを高く上げきれない
・ももを上げきったときの「止め」がきちんとできない

ももをしっかり上げて、上げきったところで1秒止めようとすると、そんなに回数はこなせないと思います。でも、それでいいのです。

お子さんのほうが回数をこなせるのは、あなたより若いぶん、筋力があるからです。でも、筋力は徐々についていきます。焦らず、毎日欠かさず行えば、自然とできる回数も増えていきますよ。

平日は忙しいので、週末にまとめて行ってもいいですか？
→習慣にならず、途中で挫折しやすいので、まとめないでください。

三日坊主という言葉があるように、どんなことでも、いつの間にかやめてしまうのが人間の性《さが》。

「明日、まとめてやるからいいか」なんて思ったら、いつの間にかやらなくなってしまう……。そんなことになるのは自明の理です。

スゴイもも上げは、毎日やることに大きな意義があります。そして、毎日できるように考案したものです。

体力づくりは１００円玉貯金のようなもの。とにかく「1回30秒」を毎日続けてください。

ももを上げると、ひざ、腰、股関節が痛くなります。
↓痛みを感じる手前の高さまで、ももを上げましょう。

「普段は痛みがないけれど、ももを上げたときに痛みを感じる」という方は、痛みを感じない高さで上げるようにしてください。

もしくは、98ページにある、「イスもも上げ」なら、より負担が少なくできます。

行うときの姿勢がくずれている、ということも考えられます。70ページのやり方をもう一度ご覧ください。特に、猫背になっていないか、反り腰になっていないか、軸足が曲がっていないか、確認をしてみましょう。

ただし、じっとしていても痛みがあったり、イスもも上げでも痛みを感じたりするような場合は、痛みが引くまでやらないでください。

ももを上げると痛むときは「イスもも上げ」を

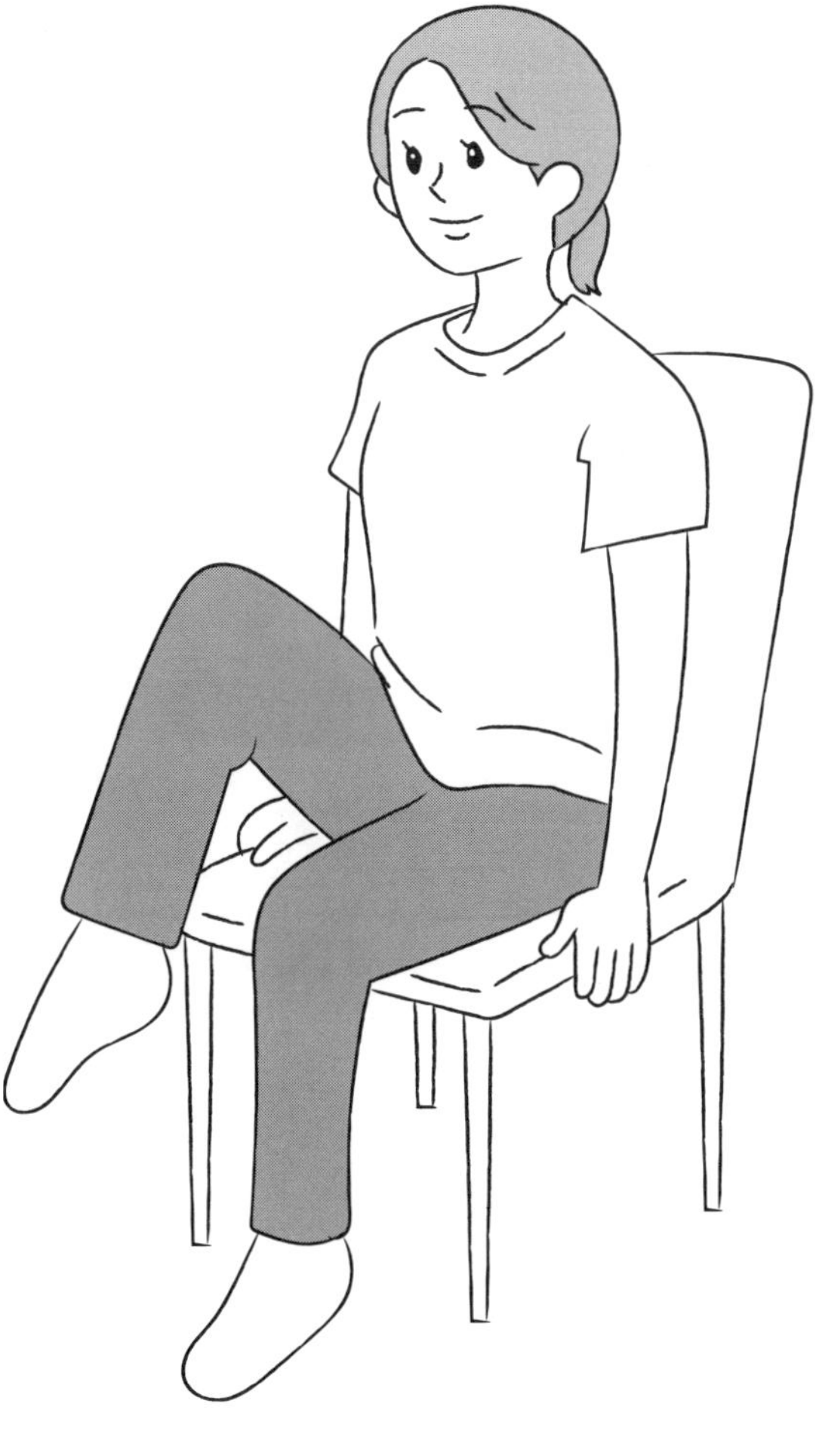

もも上げをしたら、筋肉痛になりました。
↓「イスもも上げ」をすると回復が早まります。

30秒の運動で筋肉痛になることはまれだと思いますが、運動不足ぎみの方はあり得るでしょう。筋肉痛が気になるときには、1～2日休むか、98ページの「イスもも上げ」をかわりにやってください。

多少の違和感程度の筋肉痛であれば、イスもも上げを行って、血のめぐりをよくしたほうが回復が早くなるからです。

また、筋肉は「破壊と修復」をくり返すことで、より強くなるという特性をも持っています。筋肉痛の痛みは、破壊と修復の過程によるものです。ですから、筋肉痛になったら「効いている証拠」と思ってください。

ただ、毎日続けて体が慣れてくれば、筋肉痛にはならなくなります。だからといって、効果がないわけではありません。

持病があるのですが、やっても大丈夫ですか？
→種類によってはダメ。かかりつけ医に相談しましょう。

持病といっても、いろいろあります。脂質異常症や痛風のような持病であれば問題はありませんが、**心疾患、高血圧などの循環器系の疾患、ぜん息などの呼吸器系疾患、腎機能障害などの持病がある方は注意が必要なこともあります。**

まずは、かかりつけ医に相談してください。

また、軸足側のひざに負担がかかるため、**変形性膝関節症を発症している人は、痛みがあるときにはやらないでください。**

血圧が高い場合はどうしたらいいですか？

↓最高血圧が160㎜Hg以上あるときは、やらないでください。

スゴイもも上げをすると、脈が速くなります。すると血圧が上がるので、降圧剤を服用している人は、かかりつけ医に相談してから行ってください。

また、最高血圧が160㎜Hg以上ある場合はやらないでください。日頃から血圧が高めの人は、もも上げ前に血圧を計測することをおすすめします。

休んだほうがいいときはありますか？

↓痛みがあるとき、体調が悪いときは無理せず休みましょう。

スゴイもも上げで動かす部位に、以下の症状があるときは避けましょう。

・**強い痛みがある**
・**腫れて熱を持っている**

また、発熱があるときもやめましょう。

スゴイもも上げは、高齢者や運動不足の方でも安全に行える運動ではありますが、体調が悪いときにやらないことは鉄則です。
もともと体力がない方が、体調が悪いときに無理にやってしまうと、回復が遅れるおそれがあります。

無理をしないこと。結局のところ、これが効果を出す近道です。

お酒を飲んだ後にやってもいいですか？
→心臓に負担がかかるので、やらないでください。

飲酒量にかかわらず、アルコールが体内に入ると脈が速くなります。これはお酒に強い・弱いは関係ありません。この状態で、スゴイもも上げを行うと心臓に負担がかかるので、やらないでください。**バランス感覚が鈍るため、転倒してケガをする危険もあります。**

飲酒の習慣のある方は、必ずお酒を飲む前にもも上げを行ってください。飲む前の30秒を大切にして、あとは楽しく飲みましょう。

3章

スゴイもも上げを続けたくなるこれだけの理由

体力向上のカギ「大腰筋」を強化できる

スゴイもも上げは、体力が衰えた方でも楽にできて、ケガをしにくく、しっかり効果を出せる筋トレだということをお話ししてきました。

ここでは、スゴイもも上げが、私たちの体にどう作用するのか、そのスゴさをひも解いていきたいと思います。

第一に挙げられるのは、**体力の根幹となるさまざまな筋肉をしっかり鍛えられる点です。**

スゴイもも上げで、どんな筋肉が鍛えられるのか見ていきましょう。

大腰筋《だいようきん》

股関節まわりに位置し、上半身と下半身をつなぐ筋肉です。背骨を前から支えることで正しい姿勢を保つサポートをします。

また、**背すじを伸ばして立つときと、ももを引き上げるときにも重要な役割を果た**

します。

大腰筋の量が減少したり、筋力が弱ると、正しい姿勢が保てなくなったり、足を高く上げることができなくなったりします。

また、腰痛を引き起こすこともあります。

大腰筋はココ

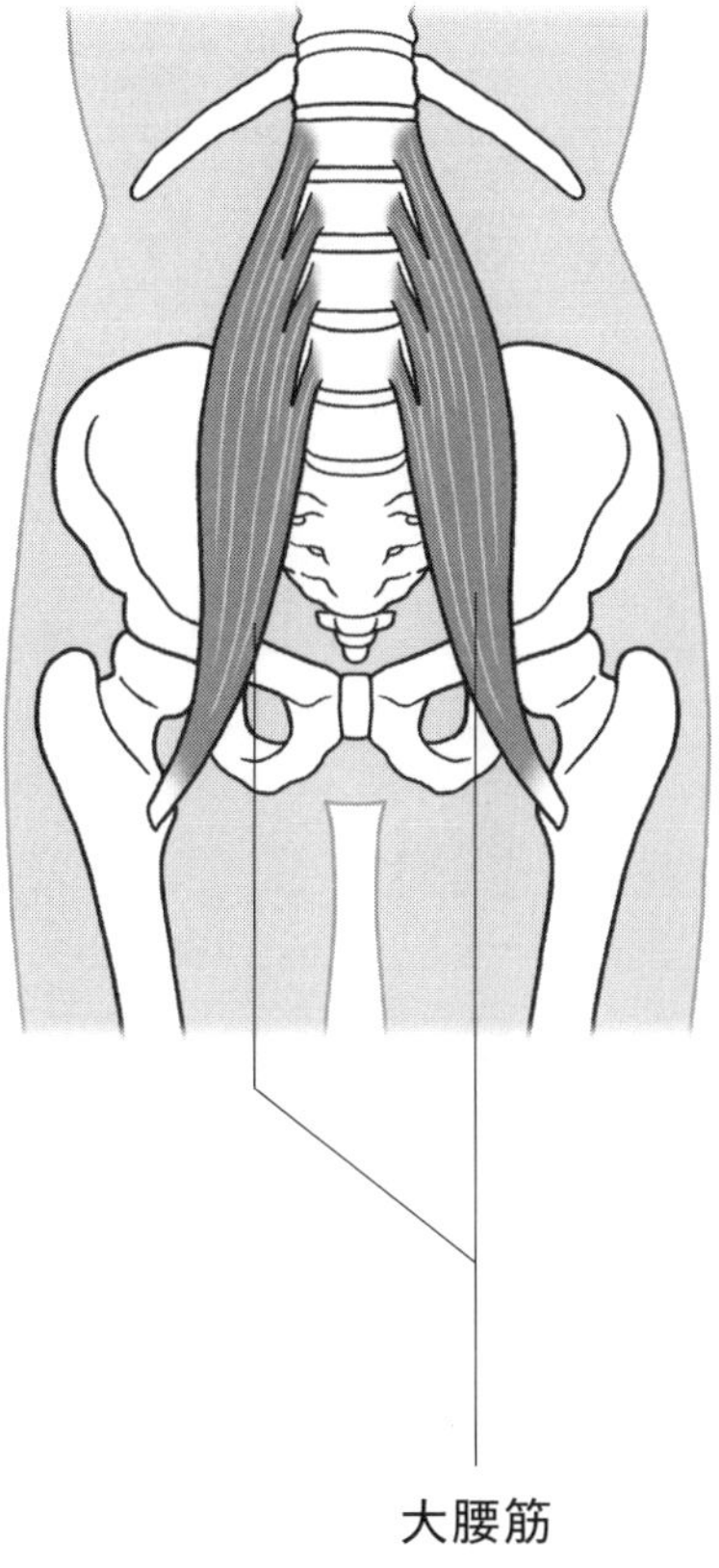

大腿《だいたい》四《し》頭筋《とうきん》

大腿直筋《だいたいちょっきん》、外側広筋《がいそくこうきん》、中間広筋《ちゅうかんこうきん》、内側広筋《ないそくこうきん》という4つの筋肉の総称で、ももの前側に位置し、股関節や大腿骨（太ももの骨）と、ひざをつないでいます。全身の筋肉のなかでもっとも大きな筋肉です。

ひざを伸ばしたり、ももを上げたりするときに使われるほか、歩くときの蹴り出しと着地で、ひざに加わる衝撃を吸収する役割を担っています。

大腿四頭筋の筋肉量が減ると、立ったり歩いたりしたときにひざが安定せず、バランスをとることが難しくなります。

加えて、足を高く持ち上げられなくなり、歩幅を大きくして歩けなくなる、階段を上りづらくなる、つまずきやすくなるなど、生活動作に支障が出てしまいます。

中臀筋《ちゅうでんきん》

お尻の側面を覆うようにして位置します。

骨盤がぐらつかないように支え、体の安定性を保ちます。**転びそうになったときに、ふんばれるのは中臀筋のおかげです。**

大腿四頭筋と中臀筋はココ

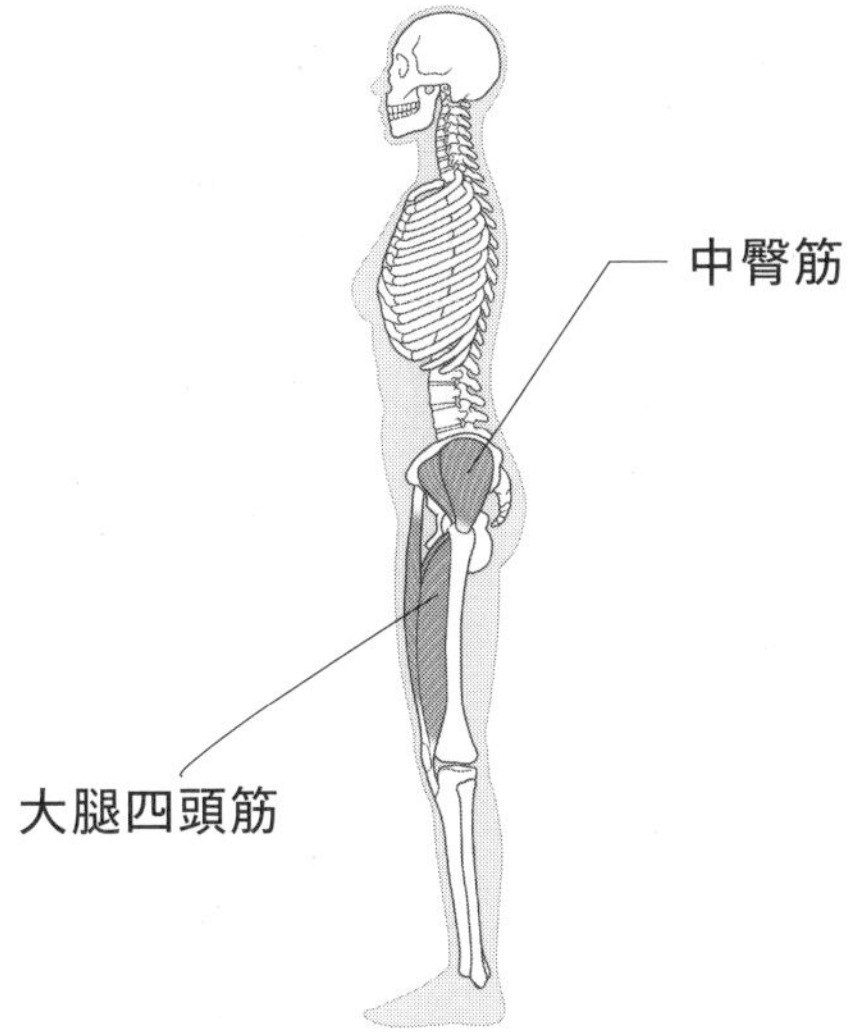

腹筋はココ

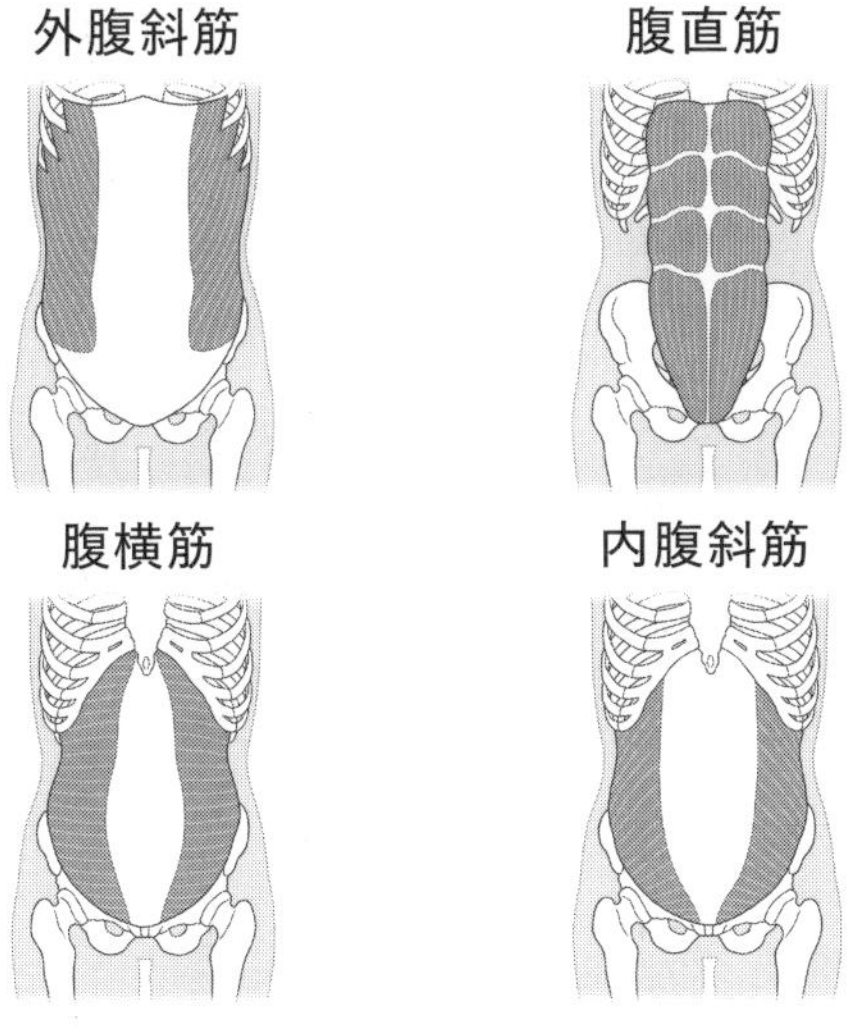

腹筋《ふっきん》

腹直筋《ふくちょくきん》、外腹斜筋《がいふくしゃきん》、内腹斜筋《ないふくしゃきん》、腹横筋《ふくおうきん》という4つの筋肉で構成されています。

体幹筋と呼ばれる「体の幹」になる筋肉の1つで、**正しい姿勢を保ち、体を安定させるうえで欠かせません。**「天然のコルセット」とも呼ばれ、腰痛の予防・改善にも欠かせない筋肉です。

また、内臓を正しい位置に維持する働きもあるため、筋肉量が極端に減ると内臓の位置が下がったり、腸の動きが悪くなったりすることもあります。

なお、筋肉はつながっていて、ここに挙げた4つの筋肉は、1つを動かせば他の筋肉も連動して動くので、効率よく鍛えられます。

ももの上げ下げという、単純な動作でこのように重要な筋肉が鍛えられるわけですが、**なかでも特に注目したいのは、大腰筋です。**

冒頭の「横断歩道」の話を覚えているでしょうか？　歩く速度が知らないうちに遅くなっていて、信号が青のうちに横断歩道を渡りきれない、という患者さんのエピソードです。

実は、これこそ大腰筋の衰えが原因なのです。

大腰筋が弱ると、歩幅が狭くなったり、歩くスピードが遅くなったり、つまずいたり。大腰筋は加齢とともに弱ってくる筋肉なので、**年をとった方ほど維持したいのですが、日常生活では、なかなか鍛えられないのです。**

腕の筋肉だったら、ダンベルがあれば自宅でトレーニングができます。しかし、大腰筋を鍛えるためのトレーニングマシンは、大きなスポーツクラブにしか置いてありません。

また、ダンベルのように、重たいものを持って鍛えられる、というものでもありません。自分の体重を負荷にして鍛えないとダメなのです（自重《じじゅう》トレーニングといわれます）。

実は、そこが盲点だと私は思っています。若いうちは不自由なく動けるので、意識して大腰筋のトレーニングを行う人はほとんどいませんし、その必要もないのかもしれません。しかし、年齢を重ねるほど、筋トレの必要度は増してきます。それなのに、鍛えるのが難しい、という非常に悩ましい筋肉だからです。

日本人の大腰筋が危機に瀕している！

スゴイもも上げを考案するうえで、私が大腰筋を重視したのは、こんな衝撃的なデータもあるからです。

オーストラリアのシドニー大学の調査で、これによると**〝座りっぱなし〟で世界一の座を獲得したのは、なんと日本人！**

1日のうちで420分（7時間）もの時間を座って過ごしているというのです。

座りっぱなしでは、大腰筋の出番がありません。つまり、**座っている時間が長ければ長いほど、大腰筋が衰えていく**ということです。

私たち日本人の大腰筋は危機に瀕しています！

そこで、大腰筋を救うべく、スゴ

世界20カ国の座位時間

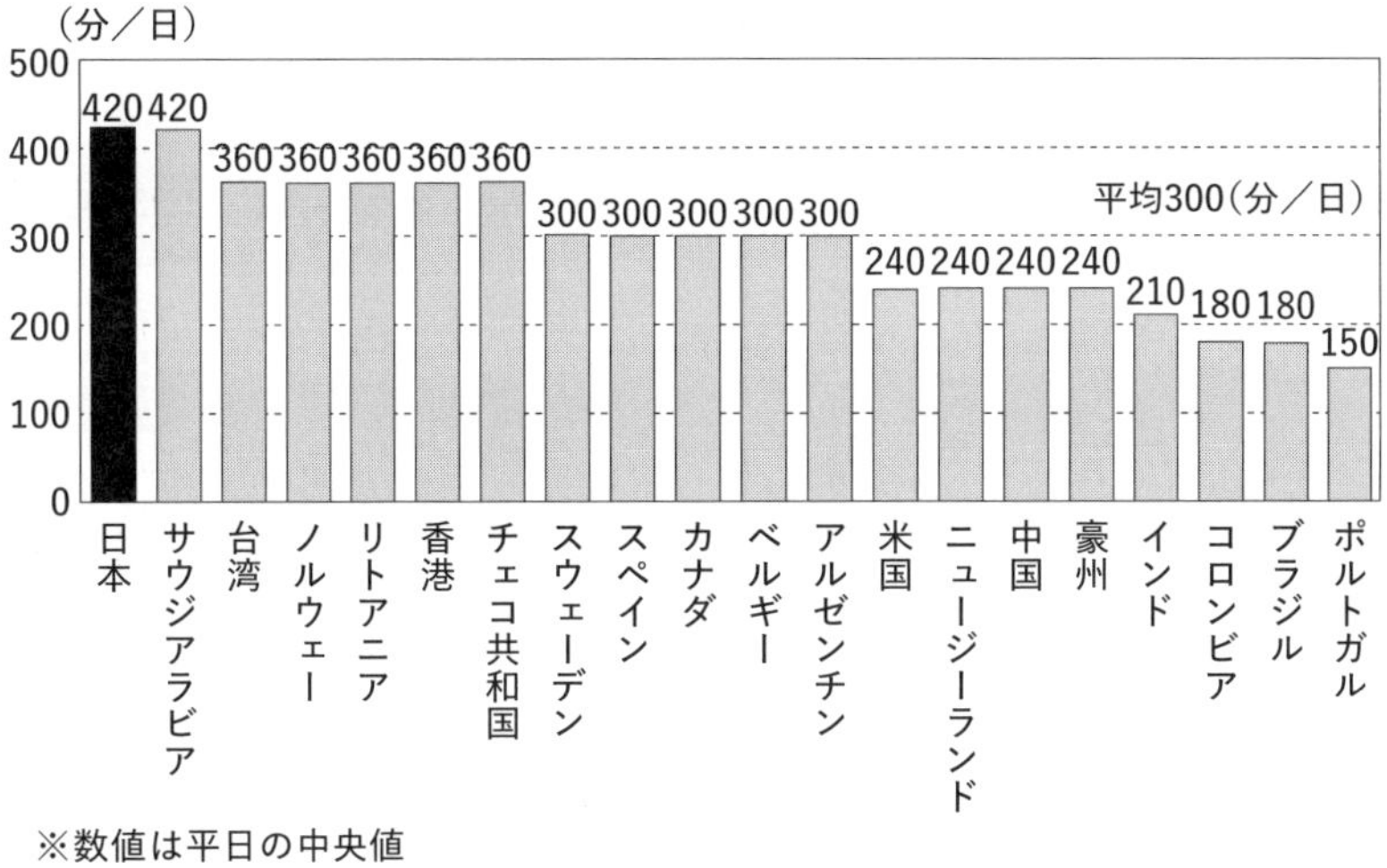

※数値は平日の中央値

（出典）The descriptive epidemiology of sitting. A 20-country comparison using the intemational Physical Activity Questionnaire (IPAQ).AmJ Perv JPrev Med. 2011 Aug.41(2);228-35

イもも上げに取り入れたのが、ももを上げきったところで「1秒止める」という動作。これにより、ただももを上げたときに比べて、大腰筋により強い刺激を与えることができるからです。

ただのもも上げが、「スゴイもも上げ」になる瞬間です。

大腰筋の衰え度チェック

果たしてあなたの大腰筋は、大丈夫なのか……。気になりますよね。

次に挙げたのは、大腰筋の衰えと関係する事柄です。いくつ当てはまりますか？チェックしてみてください。

□座る時間が長い

□よくつまずく

□以前より歩くスピードが遅くなった
□以前より歩幅が狭くなった
□階段を上がるのがおっくう
□運動の習慣がない
□腰痛がある
□気がつくと猫背になっている
□おなか（下腹部）がぽっこりしている
□お尻が垂れてきた
□40歳以降、便秘に悩まされている
□足がむくみやすい

いかがですか？　結果は、こちらです。

■5個以上当てはまる　残念ながら、あなたの**大腰筋はかなり衰えています。**すぐに、スゴイもも上げを始めてください。

特に、「よくつまずく」「以前より歩くスピードが遅くなった」「以前より歩幅が狭くなった」に該当する方は、大腰筋の衰えに拍車をかけないよう、今日から対策を打つことが重要です。

■2〜4個当てはまる　**大腰筋が衰えつつある状態です。**年を重ねるごとに、当てはまる項目が増える可能性があります。

スゴイもも上げを習慣にして、大腰筋の衰えにストップをかけ、強化していきましょう。

■0〜1個当てはまる　今のところ安泰ですが、油断は禁物です！　現状を維持するために、ぜひスゴイもも上げを行いましょう。

正しい姿勢で、速く歩くには、大腰筋より、太ももの筋肉（大腿四頭筋）のほうが大事なのでは？　と思われるかもしれません。

でも、私が大腰筋を重視するのは、それが日常の動作で鍛えにくい筋肉だからです。大腿四頭筋なら、意識的に立ったり、歩くようにしたりすれば、大幅な減少は防ぐことができます。大腿四頭筋は、日常の動作で鍛えやすい筋肉ともいえます。

でも、大腰筋はそれができないのです。**意識的に刺激を与えないと、大腰筋はどんどん減ってしまいます。**

座る時間が長い人はとりわけ、大腰筋が凝り固まって筋力が低下しやすくなります。そうすると、たとえ若い人であっても足が上がりにくくなって、つまずいたり、転倒したりしやすくなります。

年をとるほど衰える筋肉を取り戻す！

筋肉には、２つの種類があります。

・**速筋《そっきん》** 収縮スピードが速く、瞬時に大きな力を発揮することができる筋肉です。敏しょう性を高めるうえで欠かせません。

・**遅筋《ちきん》** 遅筋は持久力が高く、姿勢を保つなど長時間、力を発揮できる筋肉です。

日本人の場合は速筋と遅筋の割合は50：50でモザイク状に分布しています。この比率は、厳密には筋肉の種類や個人により異なりますが、一概に言えるのは、

速筋＝加齢により減少する

遅筋＝加齢により減少しにくい

ということです。年をとると素早い動きや、瞬時に強い力を出すことが難しくなるのはこのためです。

実は、ウォーキングなど、歩くことで鍛えられるのは遅筋のほう。**年をとるほど減ってしまう速筋は、筋トレでないと鍛えるのが難しいのです。**

ウォーキングだけでは、十分に体力づくりができない理由はここにあります。

朗報は、**速筋は、減りやすい反面、つきやすい筋肉**であるということです。ちょっとの頑張りで失った筋肉を取り戻すことが可能なのです。

スゴイもも上げは、大腰筋、大腿四頭筋、中臀筋などに存在する速筋に刺激を与えることができる筋トレです。つまり、1日30秒の継続で、失われた筋肉を増やせるというわけです。

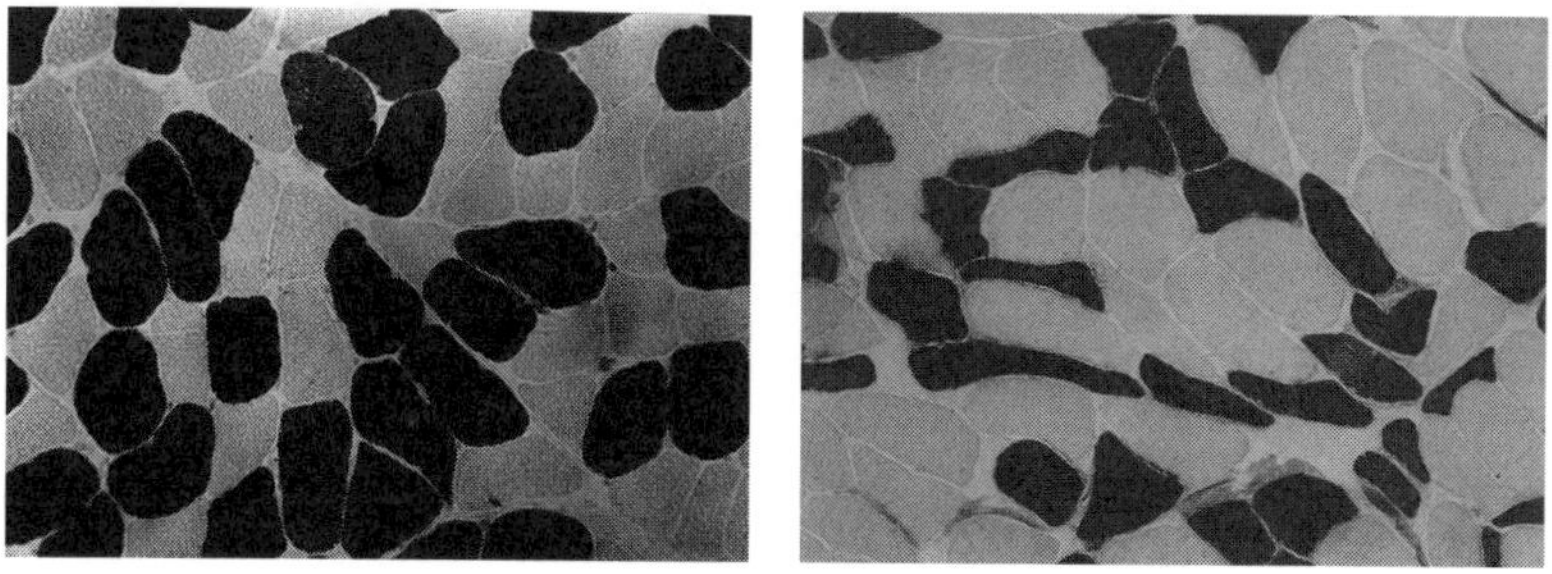

myosin ATPase 法で染色した筋線維。
白い細胞が遅筋で黒い細胞が速筋。高齢者や寝たきりなどで筋肉が衰えると、右のように黒い速筋が減り、萎縮してくる

ウォーキングと筋トレのいいとこ取りをしたスゴイもも上げ

ウォーキングだけでは、年をとると減ってしまう筋肉を鍛えるには不十分です。とはいえ、ウォーキングが体力づくりに役立つのも事実です。

ここでご紹介したいのは、**「有酸素運動」**と**「無酸素運動」**という言葉です。「有酸素運動」に分類されるのは、ウォーキングやジョギングなど。もも上げなどの筋トレは「無酸素運動」に分類されます。

実は、**有酸素運動で効果を出そうとすると、ある程度の時間、続けなければなりません。**そして、長時間行うには、それに耐えうる体力が必要です。

有酸素運動には、こんな難点があるのです。

また、屋外で行うので、夏は特に熱中症の危険もあります。高齢の方は特に、炎天下や寒空の下、長時間にわたり歩くのは、よほど対策をとったうえでやらないと、逆に体力をすり減らす危険があります。

このように、有酸素運動はなにかとハードルの高い運動なのです。

そんなハードルを下げ、ウォーキングと筋トレのいいとこ取りをしたのが、スゴイもも上げです。

・有酸素運動の要素がある＝ウォーキングのいいところ

もも上げは無酸素運動に分類されますが、運動の形態は「その場での足踏み」、すなわちウォーキングなので、心肺機能を高める有酸素運動の要素も含んでいます。

・筋力がつく＝筋トレのいいところ

もも上げは筋トレなので、もちろん筋肉がつきます。

そして、国が定めている体力の5つの要素、**「心肺機能、筋力、バランス能力、柔軟性、敏しょう性」**もすべて満たしています。

- **心肺機能＝前述のように、有酸素運動の要素を含みます**
- **筋力＝スゴイもも上げは、もちろん筋トレの一種です**
- **バランス能力＝片足で立つことで養われます**
- **柔軟性＝ももを上げ下げすることで、股関節が柔らかくなります**
- **敏しょう性＝ももをリズミカルに上げる動きが相当します**

もちろん、毎日地道に続けることが効果を出す絶対条件になることはお忘れなく！

「すり足」「のろのろ歩き」を解消して若々しい印象に

地面を足の裏でするように、のろのろ歩く——たとえ、それが若い人であっても、老けた印象になってしまいますよね。

逆に、100歳であっても、足をしっかり上げて軍隊行進のようにシャキシャキと歩ければ、若々しく見えるものです。

「すり足」や、「のろのろ歩き」の大きな原因は、大腰筋の筋力の減少です。**大腰筋が衰えると、足を高く持ち上げられず、すり足になってしまいます。**すると、「畳のへりでつまずいた」なんていうことが多くなります。

つまずくような障害物がない平坦な道でもつまずくようになり、そのまま転倒したり、骨折したりすることさえあります。

お伝えしたように、スゴイもも上げを続けると大腰筋の筋力が増えてきます。すると、すり足も改善され、**つまずきや転倒のリスクを減らすことができます。**

大腰筋が鍛えられると、姿勢が改善されて、若々しい見た目にもなれます。背中が曲がったり、おなかがポッコリと出たり、お尻が垂れ下がったり。こんな〝老いた印象〟の原因は、大腰筋の衰えだからですね。

また、「ももを上げる→止める→ももを下げる」という一連の動作が、すばやく、リズミカルに歩く訓練にもなります。

何歳になっても自力で歩ける足腰をつくる

「いつまでも自分の足で歩きたい」「寝たきりにはなりたくない」。

誰もが、そう願うでしょう。でも、それを阻むのが**「サルコペニア」**という、筋肉量の減少に伴って筋力や身体機能が低下している状態。転倒や骨折を起こしやすくなり、悪化するといずれは歩くことすらできなくなってしまいます。

サルコペニアの先にあるのが、加齢により体だけではなく心も老い衰えた状態、**「フレイル」**です。

外出することが難しくなると社会とのつながりが希薄になり、孤独感が募り、うつ状態にさえ陥ります。他人とのコミュニケーションをとる気力が低下して、引きこもりがちになって体力低下に拍車がかかります。結果として、さまざまな病気に対する抵抗力も低下して、寿命が縮んでしまいます。

この**負の連鎖を断ち切るには、まずサルコペニアにならないことです。その唯一の手段は、筋肉をつけることしかありません。**

スゴイもも上げをきっかけに、足腰の筋肉が徐々についていきます。すると、以前よりも楽に歩けるという「実績」ができます。実績は自信になります。

楽に歩けるという自信は、生活のあらゆる場面に波及します。

不自由なく楽に歩けると心も明るくなり、友人と出かけたり、旅行に出かけたりしたいという意欲がわき、もも上げを継続するモチベーションが高まります。それにともない体力もついてくるという、好循環が生まれるのです。

ちなみに、歩くときに、**「ひざが安定しない」**という方もいるでしょう。そんな方は、１０６ページの「足裏キック」をぜひ取り入れてください。

ひざの動きを安定させるために重要な、大腿四頭筋に刺激を与えることができます。**ひざ痛の予防や、改善にも役立ちますよ。**

階段が楽に上れる、片足で靴下がはける

スゴイもも上げの効果は、日常生活のふとした場面で感じられるようになります。その1つが、階段や坂道が楽に上れるようになる、ということ。これは、もも上げにより足腰が強くなるほか、**心肺機能が高まるからです。**

筋肉と同様に、何もしなければ心肺機能も加齢とともに衰えていきます。昔は登山が趣味だったのに、今は駅の階段を上っただけでもハアハアと息切れしてしまう、こんな状況です。

心肺機能の衰えを食い止め、強化するには、**心臓の鼓動が速くなるような状態を1日1回はつくる**のが有効です。

試しに、もも上げを行った後、脈を測ってみてください。脈が速くなっていませんか？　それが効いているサインです。

はじめはきつさを感じるかもしれませんが、頑張って続けてみてください。徐々に

心肺機能が高まっていくはずです。なお、心肺機能が改善すると、同じ動作をしても脈がゆっくりになります。

実際の例ですが、**脈拍が1分間に76回だった75歳の女性に、スゴイももも上げを続けてもらったところ、1か月後には脈拍が69回になりました。**

ちなみに、脈拍は特別な機器がなくてもこのように測れます。

- **手首に反対側の手の人差し指、中指を置きます**
- **1分間の脈拍を数えます**

もう1つ、年齢とともに難しくなるのが**「片足立ちで靴下をはくこと」**です。靴下をはこうと足を上げても思うように上がらないので、上半身を丸めてかがみこむようにしたらバランスをくずして、そのまま転倒——。

靴下が片足立ちではきにくくなる理由は、中臀筋や大腰筋の筋力が低下しているこ

と、股関節の動く範囲（可動域）が狭くなっていることの2つが挙げられます。靴下が

スゴイもも上げは、股関節を動かす筋トレなので筋力と可動域が広がります。靴下が楽にはけるようになるだけでなく、楽にはけるようになるだけでなく、**階段の上り下りがスムーズになる、浴槽をまたぐのに難儀しない**、ということもあるでしょう。

また、股関節まわりの筋力や可動域に左右差があると、姿勢がくずれます。すると、足腰の関節にかかる負担が増え、腰痛やひざの痛みが発生しやすくなります。ここでもスゴイもも上げは有効です。続けることで左右差を減らすことも期待できます。

股関節まわりの血流も促進されるので、下半身のむくみや、冷えの改善にも役立つでしょう。

片足で靴下をはいてもふらふらしない

細胞レベルで疲れにくく、健康な体に変化

あなたは今日、体調がいいですか?

「悪くはないけど、いいと言えるほどでもないかな……」そんなところでしょうか。年をとるとどうしても、なんとなく疲れている日が多くなりがちです。

人間の体は、糖や脂肪を燃料としてエネルギーを作り出します。ただし、そのままエネルギーになるわけではなく、「変換」が必要です。それを担うのが**ミトコンドリア**という細胞内の器官です。

ミトコンドリアとは、食事からとった糖や脂肪、それと酸素を利用してATP(アデノシン三リン酸)というエネルギーを放出する物質を産生する小器官です。いわゆる体内の発電所のようなものです。

実は、ミトコンドリアのすみかは筋肉の中。**筋肉量が少ないとミトコンドリアの量も減り、必要十分な量のエネルギーを作り出せなくなってしまいます。**その結果、疲れやすくなったり、疲労回復が遅れたり。発電所が足りなければ、停電になってしまいますよね。体も同じなのです。

そして、ミトコンドリアは量だけでなく、質も大切です。発電能力が低い発電所がたくさんあっても、十分なエネルギーを作り出すことができないためです。

これまで、ウォーキングのような有酸素運動が質の向上には有効といわれてきましたが、近年では、筋トレ（レジスタンストレーニング）でも有効であるという研究も報告されています。

ウォーキングと筋トレのいいとこ取りをしたスゴイもも上げを続けることでミトコンドリアを増やし、質を上げることができます。その結果、**疲れにくく、疲れがとれやすい体になることが期待できますよ。**

それから、筋肉をつけると免疫力が上がるという報告もあります。**風邪をはじめとした感染症は、筋肉＝体力があれば感染しづらく、たとえ感染しても軽症ですむことが多いものです。**

さらに、**便秘がちでおなかがスッキリしない方にも、スゴイもも上げの動きはもってこいです。**大腰筋は骨盤の中にあり、そのまわりには、下半身につながる血管や神経が多数存在します。

大腰筋を動かせば、その周囲にある神経や血管が刺激されて、腸のぜん動運動が盛んになり、便秘になりにくくなります。すなわち、スゴイもも上げによって大腰筋を動かすことで、腸の動きも改善するのです。

もも上げを続けると車の運転に自信が持てる

安全に運転をするうえで欠かせないのが「ペダルワーク」です。

最近の車はほとんどがオートマチック車ですから、加速するときには右足でアクセルペダルを踏み、減速・停止するときにはブレーキペダルに踏みかえます。

実は、**車のペダルワークの訓練に、スゴイもも上げがおすすめなのです。**

もも上げは、交互に足を上げることで、力の入れ替えが速くなり、軸足側の足首の安定性や敏しょう性が鍛えられます。これが、運転の何によいのかと言えば、ペダルの踏みかえに迅速に対応できるようになるということ。

長年運転しているのだから、何をいまさらペダルワークの訓練なんて……と思われたかもしれませんね。でも近年、**社会的な問題になっている、「高齢ドライバーによる事故」と関係している**と言ったらどうでしょうか?

高齢者に多いとされる、アクセルとブレーキの踏み間違え事故は、認知機能の低下ということはもちろんあります。

一方で、年をとるほど素早い動きができなくなることはお話ししてきました。

「あ！」と思ったときに、**とっさにブレーキを踏める敏しょう性を、ぜひスゴイもも上げで日頃から訓練しておいてほしいのです。**

ペダルワークがうまくいけば、運転に自信が持てるようになります。

注目の若返りホルモン「マイオカイン」が分泌

「若返りの薬」があったらいいですよね。薬ではありませんが、近年、ある若返りの物質が注目されています。しかもそれは、自分の体の中にあるのです。

それは、**「マイオカイン」**というホルモン。

筋トレで筋肉を刺激すると、筋肉からマイオカインというホルモンが分泌されます。正確にはマイオカインは総称で、今のところ百種類以上が発見されていますが、現在でも未知な部分が多いホルモンです。

それぞれの**マイオカインは血流にのって全身をめぐり、**さまざまな**健康効果をもたらします。**

一例でも、**脳の活性化、うつやストレスの解消、脂肪肝の改善、大腸がん、糖尿病、肥満の予防**……枚挙にいとまがありません。

大腿四頭筋、中臀筋、腹筋など、多くの筋肉を鍛えればそれだけマイオカインの分泌量も多くなります。

もう、言うまでもありませんね。スゴイもも上げは、マイオカインの分泌量を増やす効果の高い運動です。

体力は温存できない！　１００円玉貯金のようにコツコツと

体力をつけるには、30秒でもよいので、毎日続けることが大事だと、ここまでくり返しお伝えしてきました。「体力を温存する」とよく言いますが、実際には体力は温存できないのです。

たかだか30秒、たいした効果もないだろうと、まだ心のどこかで思っているなら、スゴイもも上げは**「１００円玉貯金」**だと考えてください。

毎日１００円なら、貯金箱に入れるたびに「高いな」とは思わないはず。でも、月の最後の日に、一気に３０００円を貯金箱に入れる気になりますか？　高いと思って、もしかしたら入れないか、１０００円でもいいか、と思うかもしれません。

心理的なハードルが低く、でも続ければちゃんと貯まる。それが100円玉貯金であり、スゴイもも上げです。

それから、毎日続けるための助けになるのが、**「記録」**です。

記録をすることで「今日もやったぞ！」という幸福感や、達成感などのポジティブな感情を生み、それが習慣化を後押ししてくれるからです（あとは、「記録しなきゃ」というほどよいプレッシャーも与えてくれます）。

実際に100円玉を貯めるのもおすすめ！

156ページに、「体力通帳」を用意しました。**もも上げをしたら、「実践」の欄に○をします。脈拍と体重は記入しなくてもよいですが、記録しておくと体調の変化がわかりやすくなります。**

「昨日よりも今日、今日よりも明日」という格言があるように、前進することは自己肯定感を養い、やがて自信へと変わっていきます。

でも、焦りや即効性を求めすぎると習慣化を妨げるという報告もあります。「継続は力なり」、「急がば回れ」という言葉を心のどこかに留め置いてください。

スゴイもも上げを習慣にする作戦

もも上げをやるタイミングはいつでもかまいませんが、**習慣化成功のコツは「既存の行動にひもづける」ことです。毎日必ずやっていることにくっつけてやってしまえばいいのです。**

一例ですが、こんなのはいかがでしょうか。

・テレビの電源を入れたら30秒やる
・テレビのＣＭが始まったら30秒やる
・朝ごはんの前にやる

1日のうちで、テレビの電源を一度も入れない方はあまりいないと思うので、やりやすいはずです。

このひもづけが、忘れずに行うコツです。ただし、「あのドラマを見たらやろう」というように、特定の番組とのひもづけはダメです。これでは番組を見逃してしまった日、放送がない日はやらなくなってしまうからです。

ほかにも、電子レンジで食べ物が温まるのを待つ間にやる、歯磨きや入浴の後にやるなど。食事の前にしておくと、1日に3回チャンスがあるのでおすすめです。**ただし、食後に行うと胃腸に負担をかけてしまうため、やるタイミングは食前です。**

寝る直前になって**「しまった！　今日はやってない」**なんていうときは、どうするのか。ちゃんと方法を考えました。それが158ページの**「自転車こぎ」**です。布団の上でも行える、もも上げの代わりになる方法です。

あお向けになって、腰の下に両手を入れます。そして、自転車をこぐように両足を交互に、リズミカルにグルグルと回します。これを30秒。

寝る前に、もも上げと同じ負荷の運動を行うと神経がたかぶり、寝つきが悪くなったり、眠りが浅くなったりするおそれがあります。ですから負荷は低めです。

「もう布団に入っちゃったし、今日はいいか」というお気持ちはよくわかります。しかし、**「1日くらい、いいか」がきっかけでやめてしまう人が多いのは事実。**これは、長年、患者さんと接してきて痛感していることです。

ですから、今日はできなかった、というときには「自転車こぎ」も活用してほしいのです。ただ、体調が悪いときや、飲酒後は無理してやってはダメです。**特にアルコールが体内に入った状態でやると、心臓に負担がかかります。**

	日付	もも上げの実践	脈拍	体重	メモ
15日目	/		回	kg	
16日目	/		回	kg	
17日目	/		回	kg	
18日目	/		回	kg	
19日目	/		回	kg	
20日目	/		回	kg	
21日目	/		回	kg	
22日目	/		回	kg	
23日目	/		回	kg	
24日目	/		回	kg	
25日目	/		回	kg	
26日目	/		回	kg	
27日目	/		回	kg	
28日目	/		回	kg	
29日目	/		回	kg	
30日目	/		回	kg	
31日目	/		回	kg	

1か月お疲れさまでした！

「コツコツ」体力通帳

スゴイもも上げをしたら○を記入します。
コピーして使うのがおすすめです。

	日付	もも上げの実践	脈拍	体重	メモ
1日目	/		回	kg	
2日目	/		回	kg	
3日目	/		回	kg	
4日目	/		回	kg	
5日目	/		回	kg	
6日目	/		回	kg	
7日目	/		回	kg	
8日目	/		回	kg	
9日目	/		回	kg	
10日目	/		回	kg	
11日目	/		回	kg	
12日目	/		回	kg	
13日目	/		回	kg	
14日目	/		回	kg	

布団に寝ころんでできる「自転車こぎ」

1

寝ころぶ

ひざから下を持ち上げます。
両手は腰の下に入れます。
※こうすると腰が浮かず、腰痛を防げます。

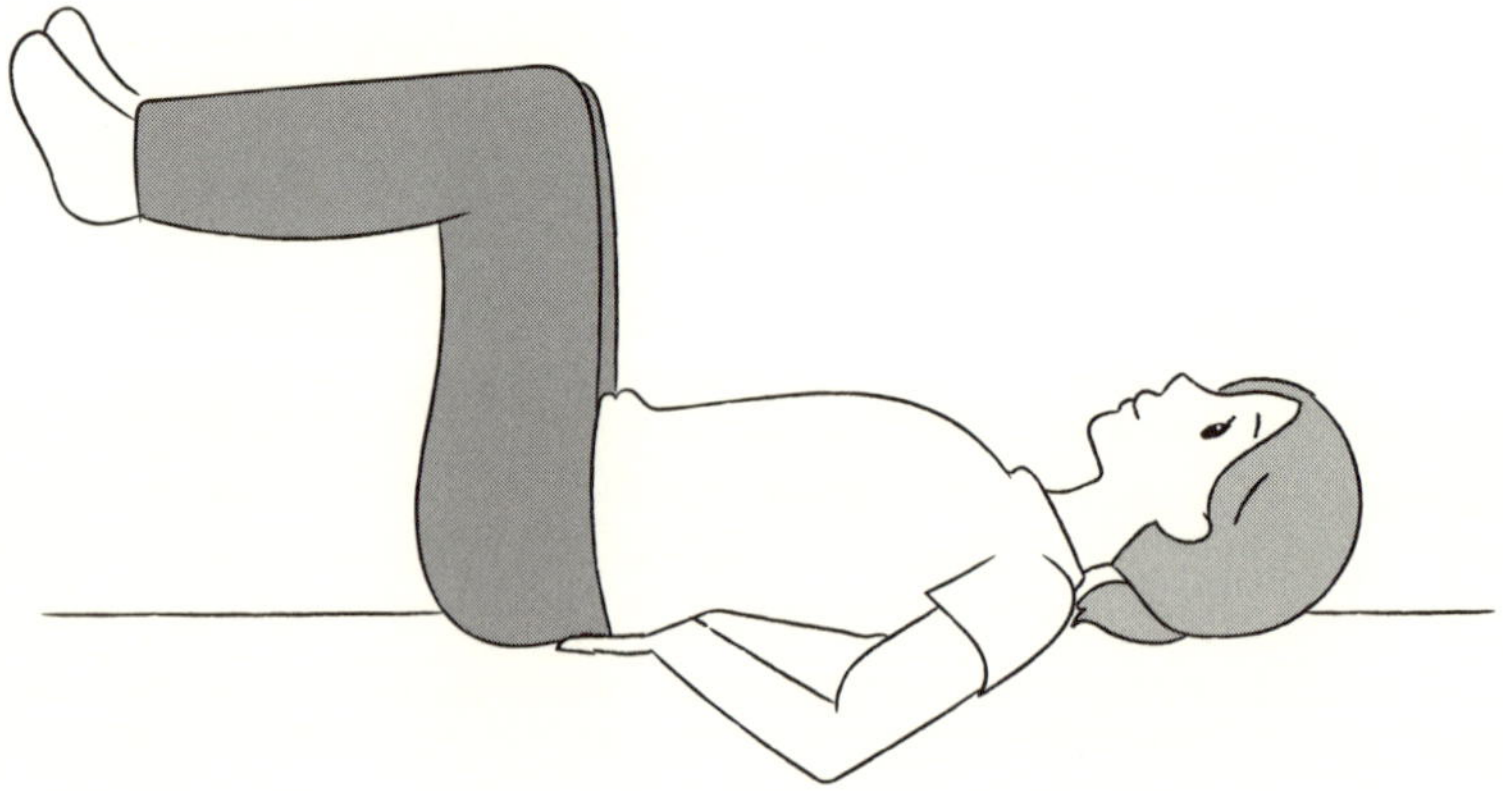

「30秒間」で、自転車をこぐように左右の足をぐるぐる回します。
1回30秒を守れば、1日に数回やってもかまいません。

② 足をぐるぐる回す

自転車をこぐように、左右の足を
リズミカルにぐるぐる回します。

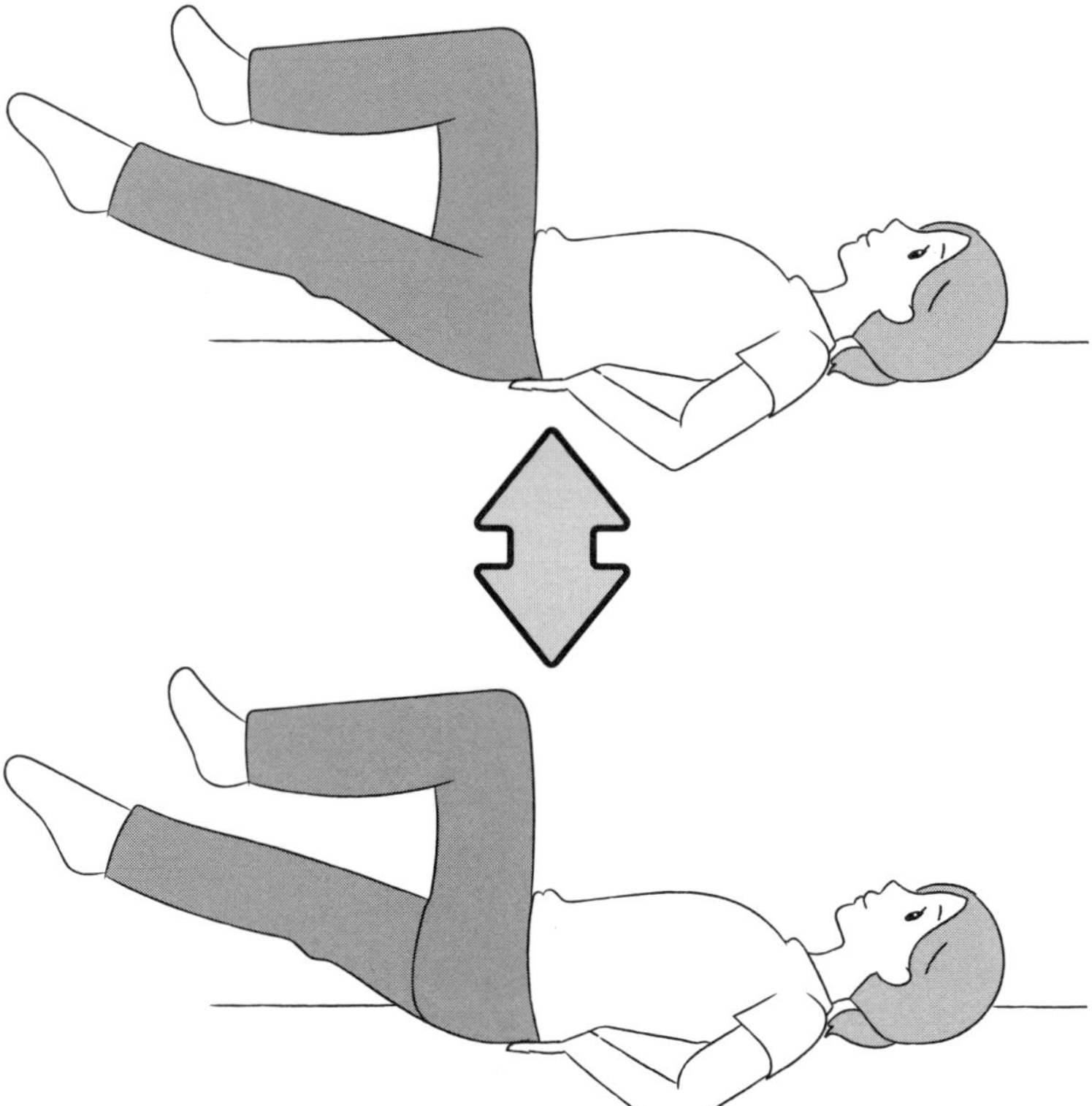

❷を30秒間で行います。

4章

「段差がないところでつまずく…」こんなときのドクターズ筋トレ

「ドクターズ筋トレ」と合わせ技で体力アップ

スゴイもも上げをすると、大腰筋、大腿四頭筋、中臀筋、腹筋という、体力の強化に欠かせない筋肉を鍛えられます。

では、これ以外の筋肉は大事ではないのかと言えば、答えは、もちろんノー！

全身の筋肉は、加齢とともに弱っていくからです。特定の場所の筋肉だけが弱ることはあまりないですが、通常は、**使っていないところから順に弱くなっていきます。**「体力が落ちたなぁ」と感じるのは、その断片的な症状。気づいたら修正することが大切です。

この章では、体力が落ちたと感じる、〃あるあるの場面〃をピックアップして、それを克服するための**「ドクターズ筋トレ」**をご紹介します。

実際に患者さんを診察するときにもそうしていますが、どの筋肉が弱っているからこうなるのか、そのためにはどんな筋トレが必要なのかをお伝えします。

フィットネストレーナーとしての知識があるおかげで、単に「関節を守るために、体重を落としたほうがいいですね」と言うだけでなく、「こうすると体重管理ができますよ」とか、「この部分の筋肉を強化するために、この運動をやってください」と具体的に示すことができるのは私の強みだと自負しています。

次のページからご紹介する筋トレは、私が日常、患者さんと接してよく聞くお悩みと、その解決法として、だれもができそうな種目を選びました。

もちろん、どれも1回30秒しかやりません。

スゴイもも上げとあわせて行うことで筋力増強、さらなる体力の向上が見込めますよ。

〝段差でつまずく〟なら「つま先上げ」でスネを鍛える

●こんな方に

・街を歩いていて、ちょっとした段差でつまずく
・階段の段差を見誤って、つま先が引っかかって転びそうになる

危うく転倒しそうになると「誰かに見られていたかな？」なんて恥ずかしくなって、思わず周りをキョロキョロ見渡してしまいますよね。

つまずきや転倒は加齢とともに増えてきますが、若い方であっても疲れていると起こりやすくなります。そして、運が悪いと骨折などの大けがにつながりかねない重大な事象です。

●原因は大腰筋・前脛骨筋《ぜんけいこつきん》の衰え

原因は大きく2つあり、1つは大腰筋が衰えることで足が高く持ち上げられず、すり足になることです。137ページでお話ししましたね。そして、もう1つは、前脛骨筋と呼ばれるスネの骨（脛骨）の外側に位置する筋肉の衰えです。

前脛骨筋は、つま先を持ち上げたり、足首の動きを安定させたりする働きを持ちます。**ここの筋力が低下すると、足首が安定せずに歩きにくさを感じ、歩く姿勢も悪くなります。足も疲れやすくなるので、長い時間続けて歩くことが難しく、ねんざや転倒のリスクが高まります。**

●「つま先上げ」を30秒間でくり返す

「つま先上げ」は、数少ない前脛骨筋を鍛えられる筋トレの1つ。立って行っても、イスに座って行ってもかまいません。背すじを伸ばして両足をそろえ、かかとを床につけて、つま先を上げます。**なるべく高く上げて1秒止めることが効果を高めるポイントです。**

〝こんなとき〟のドクターズ筋トレ①

〝段差でつまずく〟なら「つま先上げ」

1

立つ

両足をそろえて立ちます。
片手は、壁や机につきます。
※転倒防止のため、体を支えます。
※足元がふらつく人は、イスに座ります。

「立つ」→「つま先を上げる」→「1秒止める」→「つま先を下げる」を「30秒間」でくり返します。

1回30秒を守れば、1日に数回やってもかまいません。

②

つま先を上げる

つま先を、なるべく高く上げます。上げたところで、1秒止めます。

イスに座ってもOK

背すじを伸ばして、両足をそろえます。かかとを床につけて、つま先を上げます。

❶〜❷を30秒間でくり返します。

〝ふんばりがきかない〟なら「前のめりでガマン」で足の指を鍛える

●こんな方に

・濡れた路面で「ツルッ！」と滑って、踏みとどまれず転んだ

・段差でつまずき「おっとっと！」と前のめりになって、そのまま転倒した

このような場面で、バランスを失っても転ばないのは、高齢になるほど至難の業です。筋力が十分な若いうちは、滑ったり、バランスをくずしたりしたとしても、そこからふんばって体勢を整えることができるのですが、筋力が低下した高齢者は、それができずに転倒することが増えます。

●原因は中臀筋・大腿四頭筋・足趾屈筋群《そくしくっきんぐん》の衰え

ふんばるときに大切なのは、中臀筋や大腿四頭筋で、スゴイもも上げや足裏キック

で鍛えられます。もう1つ欠かせないのは、足趾屈筋群という、足の指の筋肉の強化。足趾屈筋群が担うのは足の握力のようなもので、足の指で地面をつかむ働きがあります。**鍛えると、ふんばれるだけでなく、歩くスピードが速くなり、反対側の足の歩幅が大きくなります。**

土踏まずのアーチ（凹み）を維持する筋肉でもあるので、弱ってしまうと土踏まずがなくなった状態である「偏平足」になってしまいます。

●「前のめりでガマン」を30秒間でくり返す

背すじを伸ばして両足をそろえて立ち、ゆっくりと体を前に傾けていきます。そのとき、足の指にグッと力を入れてバランスをくずさないように耐えます（マイケル・ジャクソンのパフォーマンスのように）。足趾屈筋群が弱い方は、ちょっと前のめりになっただけで、すぐにバランスをくずして足が出てしまうはずです。

そんな方は、**必ず壁の前で行い、バランスをくずしそうになったら両手で体を支えてください。**

〝こんなとき〟のドクターズ筋トレ ②

〝ふんばりがきかない〟なら「前のめりでガマン」

1 立つ

両足をそろえて立ちます。
背すじを伸ばします。
※バランスがとれない場合は、
壁の前で行います。倒れそうになったら、
両手を壁について体を支えます。

「立つ」→「前のめりになる」→「元に戻る」を「30秒間」でくり返します。
1回30秒を守れば、1日に数回やってもかまいません。

②

前のめりになる

ゆっくりと体を前に倒します。
足の指にグッと力を入れて、バランスをくずさないように耐えます。
3〜5秒耐えたら、体を元の姿勢に戻します。

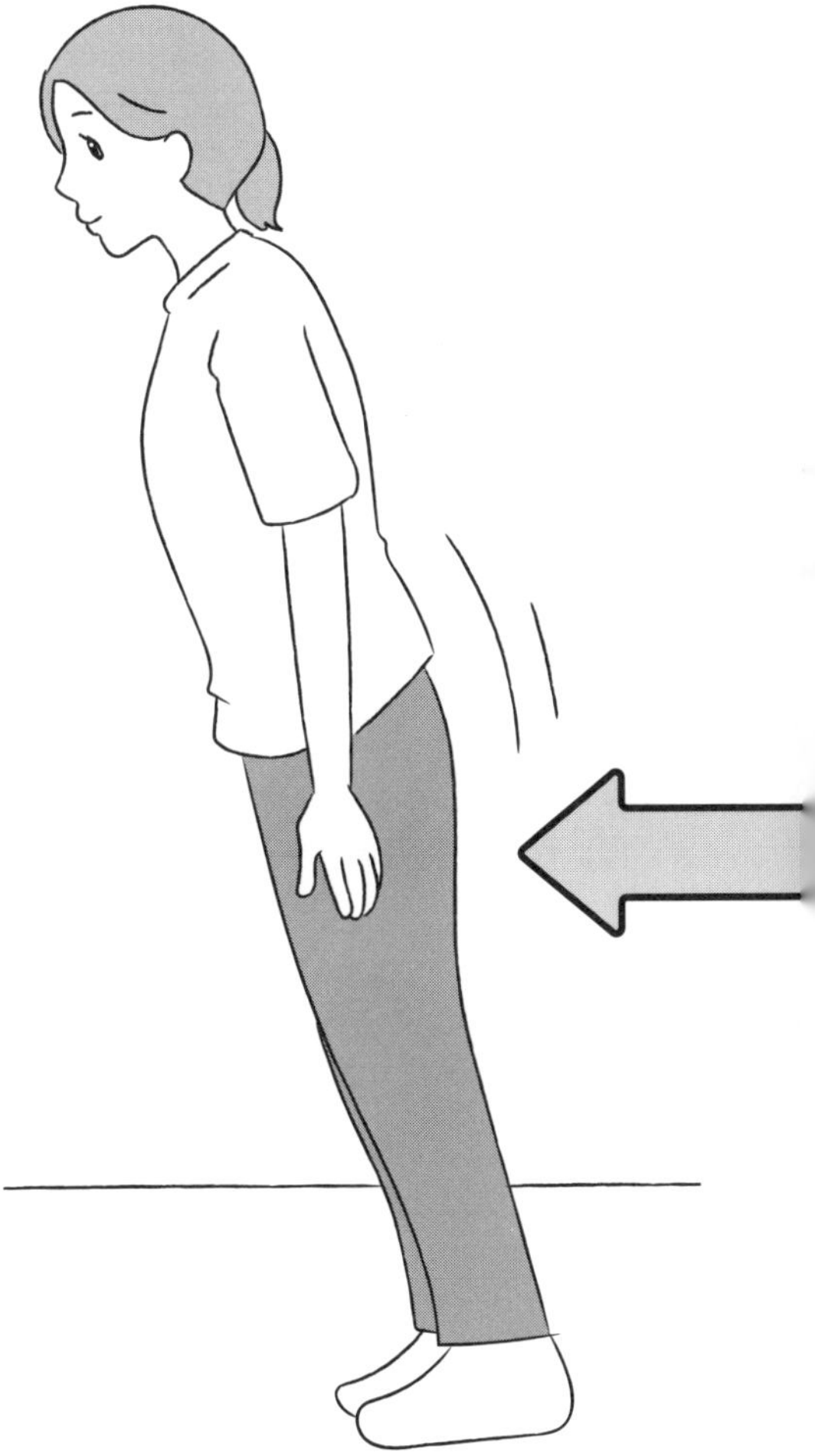

足指でふんばります

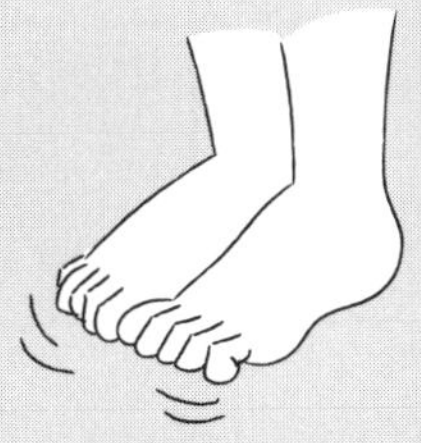

足の指で地面をつかむようにして、体が倒れないようにします。

❶〜❷を30秒間でくり返します。

〝立ち上がるのが大変〟なら「ランジ」で体を安定させる

●こんな方に

・何かにつかまらないと、立ち上がれない

・立ち上がるときに、バランスをくずして尻もちをついた

これらは下半身の筋力低下の典型的な症状です。

●原因は大腿四頭筋・大臀筋・ハムストリングス・脊柱起立筋《せきちゅうきりつきん》・腹筋の衰え

立ち上がるときに働く筋肉は、実に多岐にわたります。

大腿四頭筋（ももの前側の筋肉）、大臀筋（お尻の筋肉）、ハムストリングス（もも裏）、脊柱起立筋（背中の下部の筋肉）、腹筋（おなかまわりの筋肉）などの筋力が必要とされます。

●「ランジ」を30秒間でくり返す

そこでおすすめしたいのが、大腿四頭筋、大臀筋、ハムストリングスといった下半身の主要な3つの筋肉に加えて、**体を安定させる脊柱起立筋や腹筋も鍛えることができる**「ランジ」です。ランジは、下肢を鍛える代表的な筋トレのメニューです。

両足は肩幅程度に開き、背すじを伸ばして立ちます。上体をまっすぐにしたまま、片方の足を斜めに一歩前に出して股関節とひざを曲げていきます。ひざが90度になるくらいまで曲げたらゆっくりと元の姿勢に戻ります。

上半身をまっすぐにしたまま、しっかりと腰を落とすことで筋トレ効果が高まります。バランスがとりづらい場合は、壁などで体を支えて行っても問題ありません。上体を前に倒すやり方もありますが、背中が丸まる原因になるので、あえて「上半身をまっすぐにしたまま」としました。足を一歩前に出す幅で運動の強度が変わり、幅が大きいほど強度が強くなります。

〝こんなとき〟のドクターズ筋トレ ③

〝立ち上がるのが大変〟なら「ランジ」

① 立つ

足を肩幅に開いて立ちます。
手は腰に当てます。

※バランスがとりにくい場合は、
壁や机などにつかまって行います。

「立つ」→「片足を前に出す」→「腰を落とす」→「元の姿勢に戻る」

を「30秒間」でくり返します。

1回30秒を守れば、1日に何回やってもかまいません。

2

片足を前に出して腰を落とす

**片足を、斜め前に一歩踏み出します。
ひざと股関節を曲げて、腰を落としていきます。
前に出したひざが、90度くらいまで曲げられたら、元の姿勢に戻ります。**

※背すじが曲がると、筋トレの効果が減ってしまいます。
※前に大きく踏み出すほうが、筋肉への負荷は高くなります。
※まっすぐ前より、少し外側に踏み出すほうが安定します。

❶〜❷を30秒間でくり返します。

〝階段の上り下りがきつい〟なら「かかと上げ」でふくらはぎを鍛える

●こんな方に

・長い階段や、上り坂の途中で足が動かなくなる
・階段を下りるときに足がガクガクしたり、ふらついたりする

階段を上っていて、最初につらくなる筋肉はどこですか？ ふくらはぎではないですか？ ふくらはぎの筋肉の衰えは、全身の筋肉量を反映すると考えられています。

●原因は下腿三頭筋《かたいさんとうきん》の衰え

下腿三頭筋というのは、ふくらはぎの筋肉のことで、腓腹筋《ひふくきん》（外側頭《がいそくとう》と内側頭《ないそくとう》）と、ヒラメ筋という2つの筋肉で構成されています。ジャンプしたり、階段を上ったりするときに、かかとを上げる動作を行う重要な筋肉です。

この筋肉なしにバランスをとって立ったり、歩いたりすることはできません。また、階段や坂を安全に下るときにも必須となる筋肉です。

ほかにも、下半身にたまった血液を押し上げ、心臓に押し戻して循環させるポンプのような作用を持っています。そのためふくらはぎは、「第二の心臓」とも呼ばれています。**ふくらはぎの筋肉が減り、筋力が弱くなるとポンプ作用も弱くなり、血のめぐりが悪くなって足が疲れやすく、むくみやすくなります。**

●「かかと上げ」を30秒間でくり返す

「かかと上げ」は、ふくらはぎを鍛えるのに有効な筋トレです。左右のかかとをつけて、背すじを伸ばして立ちます。そこから、かかとをできるかぎり高く上げて、つま先立ちになり、1秒止めたらゆっくり下ろします。

バランスがとりづらい場合は、壁などで体を支えて行いましょう。通常は、足を肩幅の広さに開いて行いますが、負荷を上げて効果を高めるため、左右のかかとをつけて、つま先をやや開いて行ってみてください。

〝こんなとき〟のドクターズ筋トレ ④

〝階段の上り下りがきつい〟なら「かかと上げ」

1 立つ

左右のかかとをつけ、
つま先は開いて立ちます。
壁に片手をつきます。

「立つ」→「かかとを上げる」→「かかとを下げる」を「30秒間」でくり返します。
1回30秒を守れば、1日に数回やってもかまいません。

②

かかとを上げる

できるだけ高く、かかとを上げます。
上げたところで、1秒間止めます。
かかとを下げます。

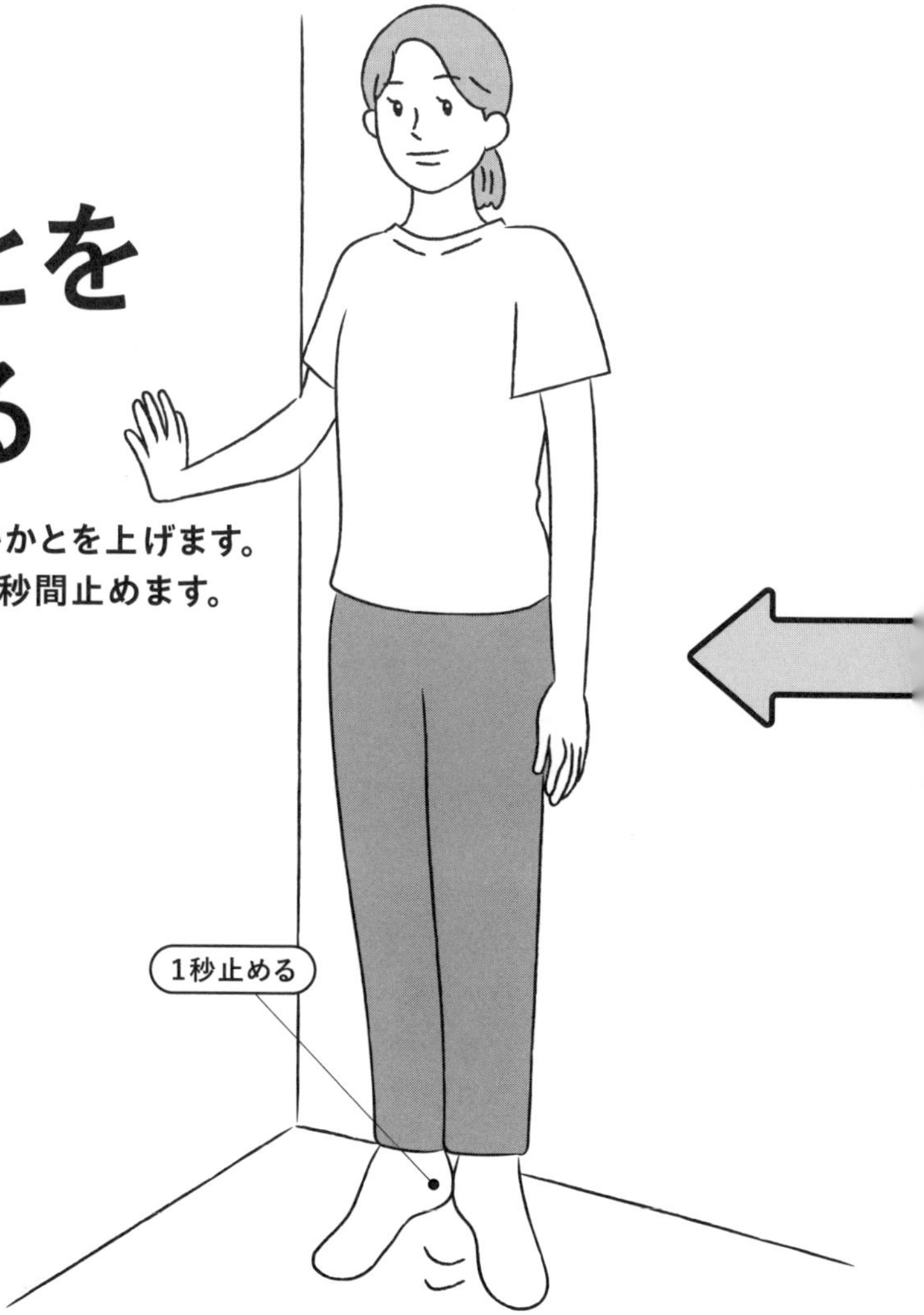

❶〜❷を30秒間でくり返します。

〝つかんだものを落とす〟なら「思いっきり指反らし」で握力アップ

●こんな方に

- ・つかんだものを落としてしまう
- ・ペットボトルのふたを開けるのに苦労する

ほかにも、「箸やスプーン、フォークなどが持ちづらい」「雑巾を固く絞れない」ということも、同じ原因が考えらます。

●原因は握力の衰え

握力が弱ると指先の動きが悪くなったり、物をしっかり握ったりできなくなります。大きな原因は、深指屈筋《しんしくっきん》、浅指屈筋《せんしくっきん》と呼ばれる手指の筋肉と、ひじから手首につながる前腕筋群《ぜんわんきんぐん》が弱っていることです。

日常生活で物を強く握りしめる動作は少ないため、これらの筋肉は意識的に鍛えないと弱りやすいことが特徴です。

握力の低下は、全身の筋力の低下と比例するといわれています。また、健康にも深い関わりがあることが最近の研究で明らかになっています。

カナダのマックマスター大学の研究によれば、**握力が5kg低下するごとに死亡リスクが1・16倍高くなり、**さらに心筋梗塞や脳卒中など心血管疾患による死亡が1・17倍、それ以外の病気による死亡も1・17倍高くなるというのです。

●「思いっきり指反らし」を30秒間でくり返す

単純に、グーとパーを交互に行うだけです。グーをするときは腕の筋肉が硬くなるぐらい強く握りしめます。パーをするときは指をできるだけ反らして大きく開きます。**しっかりと指を反らすことが最も大切**で、指の可動域（動作の幅）が広がり、効果が大きくなります。道具も必要なく、いつでもどこでもできるので、すき間時間を見つけて行いましょう。

〝こんなとき〟のドクターズ筋トレ⑤

〝つかんだものを落とす〟なら「思いっきり指反らし」

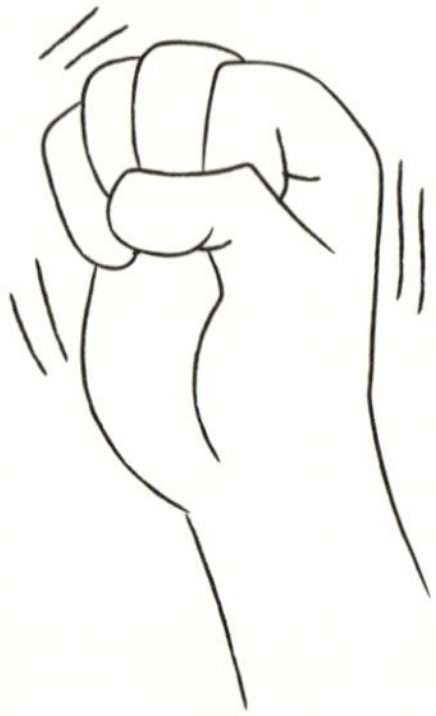

① 手をグッと握る

親指を外側にして
手を握りしめます。

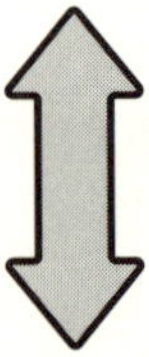

② 指をパッと思いっきり反らす

指先に力を入れて、
できるだけ反らします。

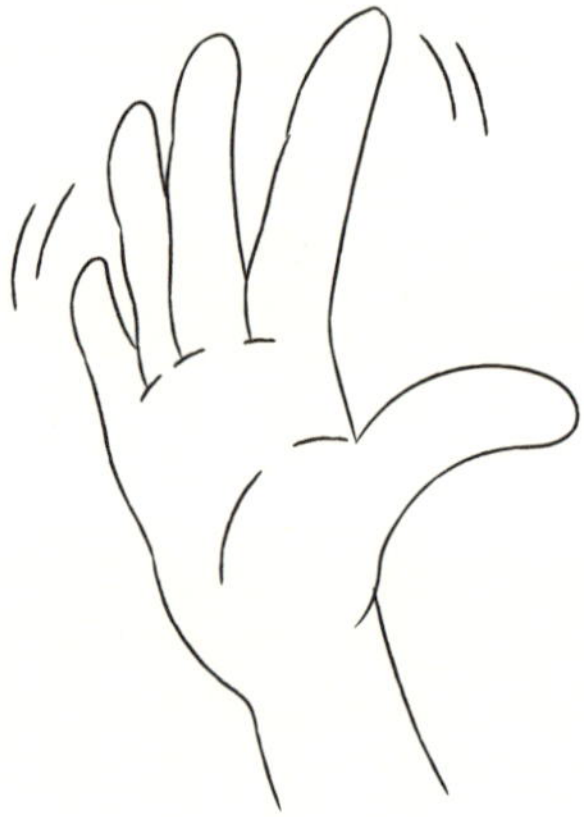

❶〜❷を30秒間でくり返します。

「手を握る」→「指を反らす」を「30秒間」でくり返します。
1回30秒を守れば、1日に数回やってもかまいません。

自転車だって立派な筋トレマシン

実は、普段の生活のなかにも、ひと工夫すれば体力づくりに効果抜群な動きがたくさんあります。ポイントは、**「あえて筋肉に負荷をかけるように動かす」**ことです。

何気なく動いている人と、意識して動いている人。1年後の体力は、まったく変わってきます。

日常生活が筋トレになるヒントを挙げたので、ぜひ取り入れてみてください。

①歩くときのスピードに緩急をつける

体力づくりにウォーキングをするなら、量より質。ダラダラ歩いていても体力はつきません。とはいえ、速歩で歩き続けるのは体力がないとつらいものです。そこでおすすめしたいのが、

・無理のない範囲で速歩き
・つらくなったらゆっくり歩き

これをくり返してください。

ただし、ゆっくり歩くときにも、歩幅を広く、背すじを伸ばすことは忘れずに！

さらに、おへその下（丹田《たんでん》）に力を入れて歩くと、腹筋も同時に鍛えられて、ぽっこりおなかの解消にもなりますよ。

②無料の筋トレアイテム＝階段を使う

つき並みですが、実は一番難しいことかもしれませんね。エレベーターや、エスカレーターを使いたくなるお気持ちはわかります。

でも、スポーツクラブに通ったら月にいくらかかるでしょうか？　階段ならタダです。無料の筋トレマシンなので、ぜひご利用ください。

つらくなったら途中で休んでも、手すりを使って上ってもOKです。**ただし、下りは腰やひざに負担をかけるため、痛みがある方はほどほどに。**

③自転車のギヤを重くしたり、軽くしたりする

自転車に乗っているなら、こんなによい筋トレマシンはほかにありません！　もしギヤ付きの自転車なら、重いギヤに設定すれば筋肉に負荷をかけられ、体力づくりに最適です。

きつくなったら軽くする、そしてまた呼吸が整ってきたら重くするなど、負荷に緩急をつけてください。

また、軽いギヤにして足を速く回してこぐと、敏しょう性を高めることができます。

④自転車のサドルを少し低くする

自転車のサドルを若干、低めに調整してみましょう。これでこいでみると、いつもより少しこぐのが大変になるはずです。でもこのおかげで、**ももの前側の筋肉である、大腿四頭筋を鍛えることができます。**

ただし、低くしすぎてバランスがとれず、ふらふらするのは危険です。安全のため、運転姿勢がくずれないくらいの高さに調整してください。

⑤よく使うものは手の届くところに置かない

立ったり座ったりするだけでも、筋トレにな

サドルを低くして、ももの筋肉を鍛える

ります。テレビのリモコンなど、よく使うものは手の届くところではなく、少し離れた場所に置きます。リモコンを使うたびに立って取りに行く、これだけでも1日の運動量は大きく変わっていくものです。

⑥貧乏ゆすりを行う

行儀がよくないとされる貧乏ゆすり。**実は、医学的には健康効果が認められている動きなのです。**

脳からの指令を、筋肉に伝達する神経の機能を高めます。また、筋肉自体も収縮と弛緩を瞬時に行うことで、敏しょう性が高まります。

動かす足の速さを、なるべく速くすると効果的です。

なるべく速いスピードで
貧乏ゆすりをすると効果的

⑦深呼吸をする

浅い呼吸は、肺をふくらませる呼吸筋（横隔膜）の衰えを招き、心肺機能の低下につながります。

1時間に1回、背すじを伸ばして胸を大きく開いて深呼吸をする時間を作りましょう。猫背は浅い呼吸の原因になるので注意しましょう。

5章

もも上げ効果が倍増！ドクターズレシピ

体力の底上げは「食事」から

最終章では、「食事」についてお話ししたいと思います。食事の話抜きで、体力は語れないからです。

「医食同源《いしょくどうげん》」という言葉を聞いたことはないでしょうか。

「病気を治すのも、日常の食事をするのも、生命を養い健康を保つためには欠くことができないもので、源は同じだ」という意味です。つまり、**「日頃の食生活に注意することは、病気を予防し、健康を維持することになる」**ということです。

もともとは「薬食同源」という中国の思想なのですが、１９７２年当時、ＮＨＫで放送されていた料理番組で、臨床医であった新居裕久先生が発表された言葉です。

これは、**「細胞」**の視点から見ても真実だと言えます。

私たちの体を維持しているのは、37兆個の細胞です。正常な細胞は、古くなったら死んで、新しい細胞と入れ替わります。死んでいく細胞の数は毎日億単位ですが、それとほぼ同数が新しい細胞に入れ替わっています。

新しい細胞へ入れ替わるには、材料が必要です。それは、栄養素。つまり、食事です。私たちの体は、自分が食べたものでできているのです。

ですから、普段の食事に問題があれば、スゴイもも上げをいくらしたところで、思うように体力はついていきません。それどころか、栄養不足の状態で筋トレをすると、逆に筋肉が減ってしまうことさえあります。とにかく、**細胞レベルで体力をつけるには、食事に気を遣う必要があるのです。**

具体的には、

①五大栄養素、特にたんぱく質をしっかりとること

②「食べる量」に注意すること

です。

まず、①について。五大栄養素とは、**炭水化物、たんぱく質、脂質、ビタミン、ミネラル。**当たり前のことですが、なかなかバランスよくとれていないのが現状です。そのなかでも特に、**不足しがちな、たんぱく質を積極的にとるとよいでしょう。**

そして、②について。自分の経験からも言えるのは、「食べる量」が大事ということ。**筋肉をつけたいからといって、多く食べすぎてもダメだし、体を絞るためといって少なすぎてもダメです。**目的に合った適量が大切です。

実は、その適量というのがなかなか難しいのです。感覚としては「腹八分目」でしょうか。その適量を1日3食、なるべく決まった時間に食べることが、体のリズムを整えていくうえで有効です。

たんぱく質を意識してとったほうがいい理由

「たんぱく質が大事なのは知っているんですけど、お肉って硬いし、量も食べなきゃでしょう？　食欲も昔みたいにないし、結局、うどんとか柔らかいもので簡単に済ませちゃうんですよ」

高齢の患者さんと接していると、よくこんなことを聞きます。

1日に最低限必要なたんぱく質の量は、体重1kgあたり約1gです。体重が60kgなら、60g程度のたんぱく質が必要ということになります。

ただ、これは「たんぱく質の量」です。**肉や魚でとろうとすると、脂肪を除いた量で300g。**けっこうな量ですよね。

たんぱく質が不足しやすいのは、患者さんの例からも明らか。しかし、1日の必要量は多い――。これは、ちょっとした〝作戦〟を立てる必要がありそうです。

作戦① 食べやすいメニューでたんぱく質の量を増やす

作戦② たんぱく質を効率よく吸収させる

この2点です。それにしても、なぜ、こんなにたんぱく質にこだわるのか。それは、人間の体の約60%は水分ですが、残りの約40%のうち、たんぱく質が半分近くを占めるからです。

髪の毛、爪、皮膚、血液、内臓、筋肉など、体のあらゆる組織の材料になるのがたんぱく質。材料が不足すれば、髪の毛

たんぱく質は体の組織の材料

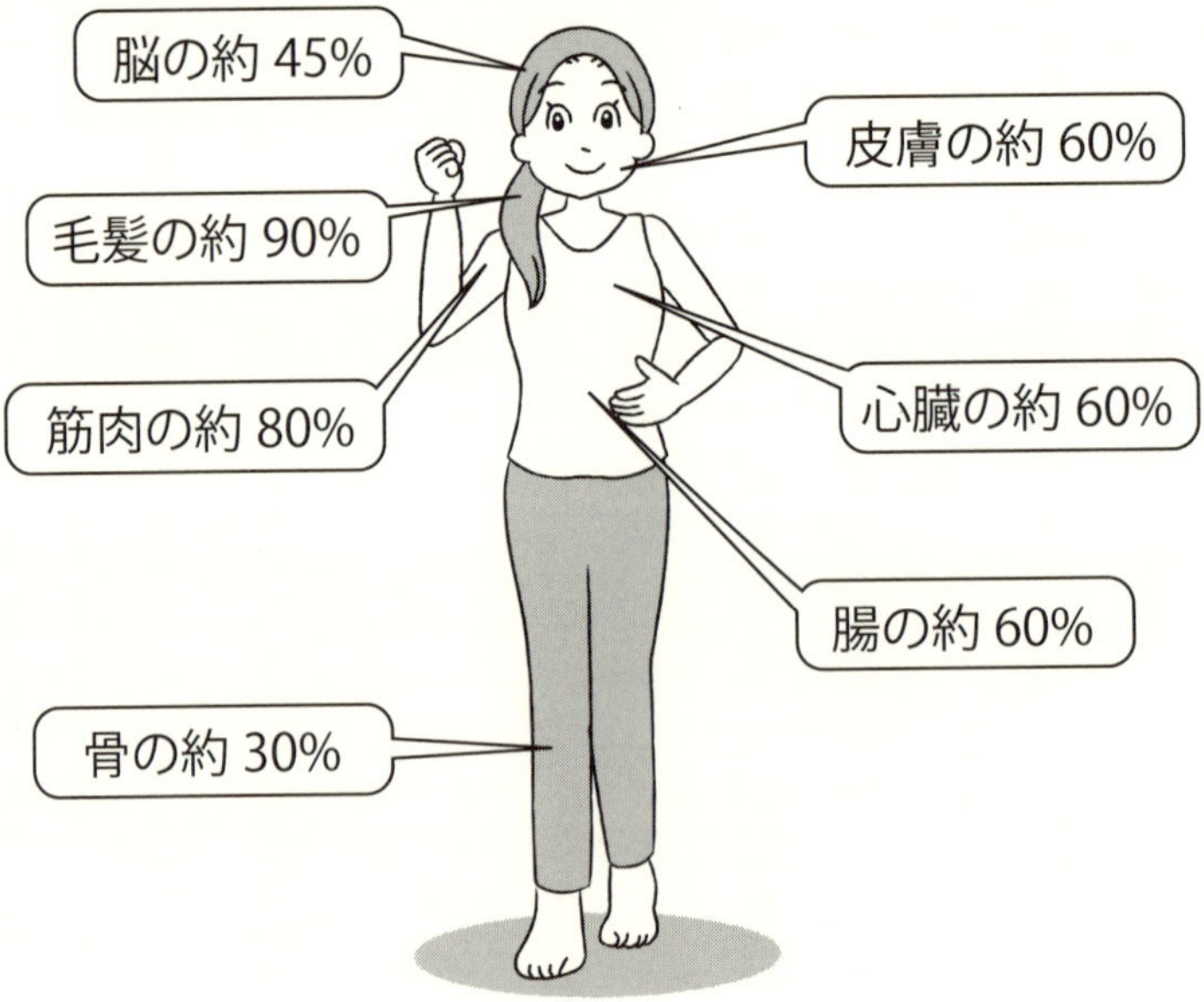

や爪が伸びることができなくなるなど、古い細胞が新しい細胞に入れ替わる新陳代謝が滞り、体調が悪化します。

また、たんぱく質は免疫細胞の材料にもなるため、免疫力も低下してしまいます。

もう1つ注意すべき点は、たんぱく質は、炭水化物や脂質とは異なり、貯蔵ができないことです。したがって、定期的に補充する必要があるのです。

ただし、腎臓の機能が低下している方は、たんぱく質の量に注意が必要です。適正量は医師と相談してください。

「ささみ」と「納豆」はたんぱく質の優等生

たんぱく質には、動物性と植物性があって、理想は1：1の割合でとることです。

動物性たんぱく質を含む食材＝肉や魚、卵、牛乳・乳製品

植物性たんぱく質を含む食材＝大豆や大豆製品

ですが、堅苦しく考えず、「**肉や魚、卵だけではなく、納豆や豆腐などの大豆製品を、3食のどこかで食べよう**」くらいに思ってください。

それでは、動物性たんぱく質と、植物性たんぱく質をバランスよくとるために、私が実際に食べているレシピを2つ紹介します。

1つは鶏のささみを使った**「ささみめかぶ」（動物性たんぱく質）**、もう1つは納豆を使った**「酢納豆」（植物性たんぱく質）**です。

ささみめかぶ

動物性たんぱく質を含む食品は脂質も多く、どうしてもカロリーが高くなりがちですが、ささみなら脂質が少ないので、その心配がありません。

そして、一緒に和えるめかぶは、海藻特有の食物繊維であるフコダインを含みます。フコイダンには、**細胞を活性化させ、風邪やインフルエンザなどに対する免疫力を高める**効果があると言われています。パサパサしがちのささみを、めかぶのネバネバが包んで食べやすくなるのもよい点です。

酢納豆

納豆は調理もお皿も必要なく、とにかく手軽でありながら、たんぱく質だけでなく、**ビタミンや食物繊維も豊富な、栄養価にすぐれた発酵食品**です。

酢を加えると、ふわっと泡立ち糸引きが弱くなって、納豆特有のにおいも抑えられます。納豆が苦手な方でも、食べやすくなるでしょう。

また、納豆に酢を加えることで、**大豆に含まれる鉄分や、カルシウムの吸収率を向上させたり、血糖値の上昇をおだやかにしたりする作用が期待されます。**私は食前に、スープのような感覚で食べています。

どちらも手軽にできて、これだけでおなかがきつくなる量ではないので、「もう一品」として、食事に取り入れやすいはずです。

たんぱく質をしっかりとる

ドクターズレシピ

ささみめかぶ

【材料】（1人分）

鶏ささみ ―― 1本
めかぶ ―― 1パック

【作り方】

❶ 鶏ささみを5分程度ゆでる。
電子レンジの場合は、耐熱皿に入れてラップをして、600Wで約3分加熱する。
※加熱時間は目安なので、中まで火が通っているかを必ず確認する。

❷ 鶏ささみが冷めたら手で裂いて、めかぶと和える。
※鶏ささみは、包丁で薄く切ってもよい。
※味がついていないめかぶを使う場合は、めんつゆやぽん酢などをお好みで加える。

酢納豆

【材料】（1人分）

納豆 ―― 1パック（約50g）
酢 ―― 大さじ1杯
（醸造酢、米酢、黒酢、りんご酢など、お好みで）

【作り方】

❶ 納豆に酢を入れる。
※胃が弱い人は、酢の量を減らす。
❷ ふわふわになるまでしっかり混ぜる。味が足りなければ、付属のタレを足す。
刻みオクラや、ちりめんじゃこなどを加えてもおいしい。

たんぱく質を効率よく吸収させるには〇〇をプラス

「たんぱく質をたくさんとったら、私も先生のように筋肉がつきますか？」と言われることがあるのですが……

× たんぱく質→筋肉
○ たんぱく質＋筋トレ→筋肉

なのです。勘違いしている方が意外に多いのですが、たんぱく質をたくさんとったからといって、それがそのまま筋肉になるわけではありません。

たんぱく質＋スゴイもも上げ→筋肉

です。**筋肉を増やすためには、必ず運動や筋トレが必要です。**

そして、たんぱく質をせっかくとるのなら、効率よく体内に吸収させたいものです。

その方法は、とてもシンプル。**たんぱく質と一緒に、炭水化物もとることです。**炭水化物を含むのは、**ご飯やパン、麺類、イモ類**です。

たんぱく質は体内に入ると、**アミノ酸**という物質に分解されてから体の材料として使われます。アミノ酸を体全体の組織の細胞に、効率よく取り込むには、**インスリン**というホルモンの働きが欠かせません。炭水化物をとると血糖値が上昇し、インスリンが分泌されます。

ですから、先ほどのレシピを単品で食べるのではなく、**うどんを主食にしたら、ささみめかぶは小鉢として、酢納豆はごはんにかけて、というように炭水化物と一緒に食べるのがおすすめです。**

とはいえ、毎食こればかりではいけません。栄養素は互いに協力し合うことで、本来の力を発揮できるという性質があります。野菜や海藻などに含まれるビタミン、ミネラルなどの栄養素も体には必要です。「栄養は偏りなく」が原則ですね。

かむこと、これもすなわち筋トレ

食事中に、よくむせる――

こんな方は、舌や口の周りの筋肉が衰えている証拠です。ぜひ、筋トレをしましょう。といっても、ここでの筋トレはもも上げではありません。

「歯ごたえのあるものを、しっかりかむ」

これが筋トレです。柔らかい食べ物ばかりだと当然、かむ回数が減り、舌や口の筋肉が衰えていきます。飲み込むときも、喉の筋肉をあまり使わないので、やはり筋力が低下します。

すると何が起こるのかと言えば、食事中にむせる**「誤嚥《ごえん》」**です。誤嚥の問題点は、**誤嚥性肺炎**の原因となることです。

誤嚥性肺炎とは、食べ物や唾液とともに、雑菌が気管に入ることで起こる疾患で、高齢者に多く起こります。厚生労働省のデータによると、日本人の死亡原因の6位が誤嚥性肺炎となっています。

特に、体力が衰え、免疫力が低下している方にとっては、誤嚥性肺炎は命取りになりかねません。

高齢の方でなくても、歯ごたえのあるものを、しっかりかむようにしたいところ。誤嚥を防ぐだけでなく、**食べ物が口の中でよく唾液と混じるので、食後血糖値の急激な上昇（血糖値スパイク）を抑えられます。**

ポイントは、ひと口あたりの量を少なくして、よくかむこと。これにより、〝早食い〟を防ぎます。お酒の一気飲みが早く酔ってしまうのと同じく、食べるのが早い人では血糖値スパイクが起こり、それをくり返していると糖尿病になりやすいとされています。

よくかむこと、これも誤嚥性肺炎や糖尿病を防ぐための、れっきとした筋トレです。

参考文献

Gait speed and survival in older adults ;JAMA. 2011 Jan 5;305（1）:50-8. doi: 10.1001/jama.2010.1923.
https://pubmed.ncbi.nlm.nih.gov/21205966/
日医ニュース
https://www.med.or.jp/dl-med/people/plaza/081.pdf
厚生労働省「健康づくりのための身体活動・運動ガイド 2023　高齢者版」
https://www.mhlw.go.jp/content/001195868.pdf
https://www.jstage.jst.go.jp/article/jjpa/22/1/22_39/_pdf/-char/ja
東京都保健医療局　「廃用症候群の基礎知識」
https://www.hokeniryo.metro.tokyo.lg.jp/iryo/sonota/riha_iryo/kakaritukei_riha.files/04text.pdf
日本老年医学会「老年医学会雑誌第 47 巻 1 号」日本人筋肉量の加齢による特徴
https://www.jstage.jst.go.jp/article/geriatrics/47/1/47_1_52/_pdf
認定 NPO 法人 全国ストップ・ザ・ロコモ協議会「子どもロコモについて」
https://sloc.or.jp/?page_id=165
文部科学省「令和 5 年度 全国体力・運動能力、運動習慣等調査の結果（概要）について」
https://www.mext.go.jp/sports/content/20240115-spt_sseisaku02-000032954_11.pdf
Kaushal, N., Rhodes, R.E. Exercise habit formation in new gym members: a longitudinal study. J Behav Med 38, 652?663 (2015).
https://link.springer.com/article/10.1007/s10865-015-9640-7
Bauman A, Ainsworth BE, Sallis JF, Hagstromer M, Craig CL, Bull FC, Pratt M, Venugopal K, Chau J, Sjostrom M; IPS Group. The descriptive epidemiology of sitting. A 20-country comparison using the International Physical
https://pubmed.ncbi.nlm.nih.gov/22450936/
北岡　祐 . レジスタンストレーニングが骨格筋ミトコンドリアに及ぼす影響 . デサントスポーツ科学 = Descente sports science. 38:2017.5,p.216-222.
https://www.shinshu-u.ac.jp/faculty/textiles/db/seeds/des38_26.pdf
福島県立医科大学広報紙　いごころ Vol.30「運動をすると脳が鍛えられる筋肉と脳の深い関係を知ろう」
https://www.fmu.ac.jp/univ/daigaku/kouhou/vol_30.pdf
https://www.nhk.jp/p/special/ts/2NY2QQLPM3/episode/te/GNP5W3GKNL/
https://www.jstage.jst.go.jp/article/rika/18/1/18_1_41/_pdf
https://otonano-shumatsu.com/wp-admin/index.php
Darryl P Leong 1, Koon K Teo 2, Sumathy Rangarajan et al.;Prognostic value of grip strength: findings from the Prospective Urban Rural Epidemiology (PURE) study; Lancet. 2015 Jul 18;386(9990):266-73. doi: 10.1016/S0140-6736(14)62000-6.
https://pubmed.ncbi.nlm.nih.gov/25982160/
厚生労働省「日本人の食事摂取基準 2020 年版」
https://www.mhlw.go.jp/content/10904750/000586557.pdf
厚生労働省「令和5年 (2023) 人口動態統計月報年計 (概数）の概況)
https://www.mhlw.go.jp/toukei/saikin/hw/jinkou/geppo/nengai23/dl/gaikyouR5.pdf

おわりに

いつだったでしょうか、まったく段差がないところで転びそうになりました。どうやら、靴のつま先が地面につっかかったようです。普段、高齢の患者さんの〝すり足〟をよく見ていますが、自分もすり足になっているのかもと不安になりました。

もし、すり足になりつつあるならそれを改善するためにと、その場で足踏みをやってみましたが、さらにももを高く上げる「もも上げ」なら、大腰筋の運動にもなるし、よいかもしれない――それが、「スゴイもも上げ」を考案した発端です。

私自身、筋トレが趣味ですが、大腰筋を鍛えている方は周りにいません。大腰筋は、「インナーマッスル」と呼ばれる外からは見えない筋肉で、鍛えても見た目の変化がないからかもしれません。

体の外からは見ることができない大腰筋ですが、日常業務で腰のMRIを見ていると、大腰筋は背骨（腰椎）の横に左右はっきりと写ります。若くて元気な方は大きな楕円形ですが、高齢者は面積的に半分以下に縮小してきます。実際の生活で、徐々に起こる退縮変化に気付くことはないわけですが、確実に忍び寄る影——

さまざまな論文を当たり、大腰筋を鍛えると歩幅が広がったり、歩くスピードが速くなったりするという報告を多数見つけたときは、思わず笑みがこぼれました。

このような経緯で「人生でつまずかないための筋肉」として、大腰筋の筋トレ、つまり「スゴイもも上げ」を広めたいとの強い念に駆られたわけです。

みなさんにご紹介するからには、医師の立場から「ケガをしない」ことも必須です。正しいフォームも考慮すると、「寄りかかって行う」というのが、自分でもビックリのひらめきでした。

そして、拙著『ドクターズスクワット』で「30秒ドクター」との異名をとる私としては、今回も「30秒」でできるようにしました。ハードルが低いほうが生活に溶け込んで、長続きするからです。急激な体の変化を望むのではなく、ぜひ、日々の営みとして続けてほしいと思います。きっとこれからの人生で、つまずかなくなるでしょう。

2024年盛夏　吉原　潔

吉原 潔

（よしはら・きよし）

整形外科専門医・フィットネストレーナー。医学博士。アレックス脊椎クリニック名誉院長。日本医科大学卒業後、同大学整形外科入局。帝京大学医学部附属溝口病院整形外科講師、三軒茶屋第一病院整形外科部長を経て、2024年より現職。日本整形外科学会専門医、日整会内視鏡下手術・技術認定医。日本スポーツ協会公認スポーツドクター、全米エクササイズ&スポーツトレーナー協会（NESTA）公認パーソナルフィットネストレーナー、食生活アドバイザー。運動療法や筋力トレーニングにも精通した医師として、多角的な診療に定評がある。トレーナーとしての信条は「ケガをしないトレーニング方法を指導すること」。50歳を過ぎてから筋トレでメタボ体形を脱し、ボディコンテストに出場、受賞歴多数。著書に『ドクターズスクワット　医者が考案した「30秒で運動不足を解消する方法」』（アスコム）などがある。

30秒で体力がつく
スゴイもも上げ

発行日　2024年 10月 8日　第1刷
発行日　2025年 2月 4日　第5刷

著者　吉原潔

本書プロジェクトチーム
編集統括　柿内尚文
編集担当　福田麻衣
編集協力　楠田圭子
デザイン　鈴木大輔、江﨑輝海（ソウルデザイン）
イラスト　藤井昌子
図版　勝山英幸
DTP　白石知美、安田浩也（システムタンク）
校正　鷗来堂

営業統括　丸山敏生
営業推進　増尾友裕、綱脇愛、桐山敦子、相澤いづみ、寺内未来子
販売促進　池田孝一郎、石井耕平、熊切絵理、菊山清佳、山口瑞穂、吉村寿美子、矢橋寛子、遠藤真知子、森田真紀、氏家和佳子
プロモーション　山田美恵

編集　小林英史、栗田亘、村上芳子、大住兼正、菊地貴広、山田吉之、小澤由利子
メディア開発　池田剛、中山景、中村悟志、長野太介、入江翔子、志摩晃司
管理部　早坂裕子、生越こずえ、本間美咲
発行人　坂下毅

発行所　株式会社アスコム

〒105-0003
東京都港区西新橋2-23-1　3東洋海事ビル
TEL：03-5425-6625

印刷・製本　日経印刷株式会社

Printed in Japan ISBN 978-4-7762-1369-7